ソーシャル・ビジネスのイノベーション

Innovation in
Social
Business

岸　真清
島　和俊
浅野清彦
立原　繁

同文舘出版

序　文

　金融緩和，積極財政政策，成長戦略の3つの矢で，アベノミクスは株高，円安を引き出した。金融および財政政策は，デフレ脱却，雇用と所得の増加を目的としているが，第3の矢である成長戦略は，金融・財政刺激政策を通じて投資マインドを喚起することで，製造業を復活させようとしている。その特徴は，グローバル化とともに，地域の資源を活用した技術革新の推進，産学金官協業による地域経済循環，農業基盤の強化など地域経済活性化を掲げていることである。

　しかし，政府の地域経済活性化案は，地域経済・社会の担い手をそれほど強く意識したものとは言えない。今後の日本経済の活路は日本国内だけでなく，海外でのグローバル展開に求めることになることは否定し難い。また，ＩＴの進展に伴って，国境を越えた地域と地域の取引が拡大することも予想される。しかし，地域発のグローバル化を進展させるためにも，地域経済の担い手の活動をバックアップするしくみの構築が不可欠である。

　この視点の下で，地域経済活性化の推進者としてのコミュニティ・ビジネス，とりわけソーシャル・ビジネスに期待をかけ，ソーシャル・ビジネスの活動を促進する手段や組織の形成を考察するのが，本書の目的である。

　地域を基盤とするコミュニティ・ビジネスには，収益の最大化を目的とする営利事業と，基本的に，組織を存続させる程度の利益の確保を目的とする非営利事業の2つのタイプが併存している。前者は，ベンチャー・ビジネス，中小企業，マイクロ・ビジネス，農業など様々な小規模事業によって担われている。他方，後者は医療・介護，子育て・教育などに携わるソーシャル・ビジネスによって担われている。

　ただし，社会性，事業性，革新性を有し，高齢化問題，環境問題など様々な社会的課題を市場のフレームのなかで解決するソーシャル・ビジネスそのものにも，将来的に通常の商品（プロダクト）との競争の中で事業収益をあげコミ

ュニティの形成や雇用創出に貢献するまでに成長していく営利型と，社会的に不利な立場にある人々へサービスの提供や受益者が特定できない環境問題などに対処する非営利型の2つのタイプが存在している。

しかし，非営利型ソーシャル・ビジネスにしても，補助金，助成金に頼るよりも少なくとも組織を存続させるのに必要な収益を自ら獲得しようとの考え方が強まっている。本書のスタンスは，ソーシャル・ビジネスが収益を得る可能性を重視するが，その根拠はコミュニティを基盤とする小規模事業が有する収穫逓増型生産曲線を想定できることによる。すなわち，医療・介護，教育・子育てなどのサービスに対して安定した需要が存在する限り，情報の非対称性が生じにくいこと，固定費が低く抑えられること，取引コストが低いことから，イノベーションを産みやすいことによる。イノベーションは，新しい技術だけでなく，それに伴って生産過程また組織の変化をもたらすことになる。

ここで，社会的企業家（ソーシャル・アントレプレナー）が活躍する可能性が高まることになる。しかし，事業のさらなる拡大が必要とする人材や資金などの獲得は，容易ではない。そこで，政府に過度に依存することなく，また個人だけでは解決が難しい課題を，市民グループ，ＮＰＯ・ＮＧＯ，地域金融機関，中央・地方政府の協業を基盤とする経済・社会システムの構築が待たれることになる。

私たち4名の研究グループは，これまでも，市民自身の参加によって市民の福祉を実現する経済学・経営学を目指してきた。この考え方の下で，『政府の経済学』，『政府の経済政策』，『自助，共助，公助の経済政策』を出版してきたが，本書では，特にソーシャル・ビジネスに焦点を当てることにした。

なお，本書は，学部・大学院博士前期課程の履修者に加えて社会人の読者をも対象にして共同執筆したが，この機会に，学会で貴重なコメントを下さった諸先学に御礼申し上げる。また，温かく励まして下さった同文舘出版株式会社編集局長・市川良之氏に御礼申し上げる。

2014年2月

執筆者一同

目　次

序　文 ———————————————————————— (1)

第1章　中央・地方政府とソーシャル・ビジネス ———— 1

第1節　政府と民間の役割分担 …………………………………… 2
1. 政府の役割 ……………………………………………………… 2
2. 政府の活動範囲の見直し ……………………………………… 5
3. 民間活力の導入 ………………………………………………… 10

第2節　住民生活とソーシャル・ビジネス …………………… 15
1. 地方政府の役割 ………………………………………………… 15
2. 多様な社会的課題への対応 …………………………………… 19
3. NPO・NGOとソーシャル・ビジネス ………………………… 24

第3節　地域振興とソーシャル・ビジネス …………………… 29
1. 地域の再生 ……………………………………………………… 29
2. 新たな地域振興 ………………………………………………… 34
3. 中央・地方政府との連携 ……………………………………… 37

第4節　公民協働とソーシャル・ビジネス …………………… 41
1. 公民協働の意義 ………………………………………………… 41
2. ソーシャル・ビジネスの可能性 ……………………………… 45

第2章　ソーシャル・イノベーション ———————————— 51

第1節　ソーシャル・イノベーションによるソーシャル・ビジネス ……………………………………………………… 52

1. 社会問題への対応 ……………………………………………… 52
　　2. ソーシャル・イノベーション …………………………………… 55
　　3. ソーシャル・ビジネス …………………………………………… 57
　　4. ソーシャル・イノベーションとイノベーション ……………… 61
　第2節　なぜマーケットを利用するか …………………………………… 65
　　1. マーケットを利用した社会問題の解決 ………………………… 65
　　2. インナーシティ問題 ……………………………………………… 67
　　3. ソーシャル・イノベーション・ガバナンス …………………… 76
　　4. マーケットへの導入 ……………………………………………… 78
　　5. ソーシャル・イノベーションによる変動 ……………………… 81
　　6. ソーシャル・ラーニング ………………………………………… 82
　第3節　誰がソーシャル・イノベーションを行うか …………………… 86
　　1. 事業型NPO ……………………………………………………… 86
　　2. ソーシャル・アントレプレナー ………………………………… 87
　　3. 営利企業のソーシャル・ビジネス ……………………………… 90
　第4節　改めてソーシャル・ビジネスとは ……………………………… 91

第3章　ソーシャル・イノベーションとNPO ── 97

はじめに ……………………………………………………………………… 98
　第1節　NPOのイノベーション ………………………………………… 100
　　1. NPOの定義と範囲 ……………………………………………… 100
　　2. NPOの存在意義 ………………………………………………… 102
　　3. NPOのミッション ……………………………………………… 104
　第2節　NPOの組織イノベーション …………………………………… 108
　　1. 社会的企業の新展開 ……………………………………………… 108
　　2. コモン・グラウンドによる地域改革 …………………………… 111
　第3節　ソーシャル・アントレプレナー ………………………………… 114
　　1. ソーシャル・アントレプレナーとは …………………………… 114

2. ソーシャル・イノベーションにおけるソーシャル・アントレ
      プレナーの役割 …………………………………………………… 117
 第4節　NPOのソーシャル・ビジネス ………………………………… 122
   1. 事業計画作成の準備 …………………………………………… 122
   2. 事業計画を作成する …………………………………………… 124
   3. ソーシャル・ビジネスの価格政策 …………………………… 125
   4. ソーシャル・ビジネスのプロモーション …………………… 127
   5. 行政にたよる従来型NPOの問題点 …………………………… 130

第4章　ソーシャル・ビジネス活性化の金融システム ── 135
 第1節　ソーシャル・ビジネスとコミュニティ ……………………… 136
   1. ソーシャル・ビジネスの型 …………………………………… 136
   2. ソーシャル・ビジネスの潜在力 ……………………………… 141
 第2節　地方分権化，金融改革と家計 ………………………………… 144
   1. 地方債発行の背景 ……………………………………………… 144
   2. 地域経済重視の金融改革 ……………………………………… 148
   3. 高齢世帯の資金運用 …………………………………………… 151
 第3節　新しい資金チャンネルとNPO ………………………………… 158
   1. 信用金庫，農業協同組合に掛かる期待と不安 ……………… 158
   2. ソーシャル・ビジネス，協同組織金融機関，NPOの協業 … 163
   3. ファンド創設による資金チャンネル ………………………… 167
 第4節　今後のソーシャル・ビジネス ………………………………… 172
   1. 地域経済の活性化と地域発のグローバル化 ………………… 172
   2. 若干の提案 ……………………………………………………… 176

索　引 ──────────────────────────── 181

ソーシャル・ビジネスのイノベーション

第1章

中央・地方政府と
ソーシャル・ビジネス

―― <本章のねらい> ――

▶政府の担う役割は，経済発展や社会の成熟化の程度，グローバル化，情報化，ローカル化，高齢化などに伴う人々のニーズの変化によって影響され，また，経費の効率的使用の観点からも，政府の活動範囲の見直しが必要である。その際，NPO・NGO やソーシャル・ビジネス等の民間活力の導入が注目される。

▶地方政府は，少子高齢化の進展による高齢者の介護や福祉，子育て支援，環境保全，地域の活性化など多様な社会的課題を抱えており，その分野で，NPO・NGO やソーシャル・ビジネスの活動が重要性を増してきている。

▶地方分権やローカル化の推進のためにも地域の振興が不可欠である。そのためには，新たなコミュニティづくり，新産業の創生など地域の活性化をもたらすような取組みが必要となってくる。

▶政府が提供する公共サービスについても，その内容や範囲に関して，その政策立案や策定，実施等に市民が参加することによって，市民の満足度が向上し，政策遂行がより効率的になることが考えられる。それとの関連で，公民の連携やソーシャル・ビジネスの可能性について検討する。

キーワード

政府の役割，地方政府の役割，民間活力の導入，NPO，NGO，
ソーシャル・ビジネス，地域振興，公民協働，効率性，人々の満足度

第1節　政府と民間の役割分担

1. 政府の役割

　人々が日々の生活を送るうえで必要な財（モノ）やサービスは，一般に，市場を通じて取引されている。古典派経済学の創始者であるアダム・スミス（Smith）は，市場経済は「見えざる手（invisible hand）」を通じて私的利益と公共の利益を最も効率的に調和させられる制度であると主張した。確かに，市場経済は社会の諸資源を配分するための優れた仕組みといえる。しかし，市場が未整備であったり，市場における競争が不完全であったりする場合には，市場を通じた資源配分は必ずしも効率的にはならない。また，市場で完全競争が行われている場合でも，分配面から見ると社会的に望ましくない結果が生じたり，社会の大多数の人々が必要だと考えている財（モノ）やサービスが，民間企業では利益が出なかったりするために市場を通じては供給されないこともある。以上のような諸問題(1)に対処するために，公共部門としての政府の活動が要請されるようになった。

　人々が社会生活や経済活動を営む中で政府活動が必要と考えられるようになった理由としては，以下のような要因が指摘される(2)。

　第一に，経済活動や社会生活を送るうえで必要な何らかの市場が未発達であったり，整備されていなかったりする場合には，それを速やかに整備しなければならない。たとえば，金融市場や資本市場が十分に発達していない状況では，企業は投資資金を容易には調達できないので，経済発展の面で不利になると考えられる。このような市場の設立・整備は民間の努力だけでは困難であるので，政府がそのための役割を果たすことが必要になる。

第二に，経済活動の中で寡占や独占がある程度以上の影響力を及ぼしている場合には，その弊害を防止するために政府の介入が必要となる。寡占や独占の存在は，市場における競争を不完全にし，資源配分を不効率にすることによって，結果的に，人々に不利益をもたらすことになる。経済発展に伴って少数の大企業が市場を支配する傾向が強まってくると，価格は硬直化し，市場を通じた効率的な資源配分が歪められてしまう。それゆえ，政府が悪影響が出ないように何らかの手段を通じて規制する必要がある。

　第三に，市場を通じて行われた分配を社会的公正の観点から是正することが望ましいと考えられる場合には，政府が再分配の役割を担うことになる。市場経済の下では，人々がその能力や成果に応じて分配を受けることが原則となっているが，能力の劣る人々や運に恵まれなかった人々は生活をしていくうえで必要な最低限の所得をも受け取れないこともある。そのような結果が社会的見地から望ましくないという社会的合意があれば，政府が公的扶助や社会保険，さらに税制等を通じて，再分配政策を実施する必要が出てくる。

　第四に，政府は，公益事業の設立について助成したり，その運営について規制したりすることがある。公益事業では，一般的に，初期に巨額の設備投資を必要とし，期間の経過と共に平均費用が低減していくという性質を持つので，一定の生産水準に到達するまでは採算が取れない。しかし，それらの産業による財やサービスの供給が社会的に必要であるならば，政府は，一方では補助金を通じてその種の活動を奨励し，他方では供給量が過大にならないように新規参入を規制する。また，公益事業では地域独占の性格が強いので，サービスの利用者が適正な料金で利用できるように規制する必要がある。

　第五に，政府は，現在はまだ十分に発達していないが将来的には国民経済の中で重要な役割を果たすと見込まれる幼稚産業を保護・育成することがある。長期低利の資金を融資してその種の分野への参入を促進したり，輸入の制限を実施して競争力が十分になるまで保護したりする。このような国民経済の将来を見通した長期的観点からの政策の実施は，政府の重要な役割となっている。また，農業の場合に見られるように，特定の産業を存続させるために，輸入制限や価格支持政策を実施することもある。

第六に，教育の普及や鉄道の開通のように，経済取引の当事者を超えて第三者に利益を与えるような経済行為を行う者に対しては，国や地方の政府が何らかの奨励策を採ることがある。新規の鉄道事業への補助金や学校への補助金の交付は，それらが広く社会にとって利益をもたらすと考えられるからである。他方で，経済活動の中で第三者に不利益をもたらすような者に対しては，課徴金などを通じてその供給を抑制する措置が採られる。

　第七に，政府は，社会のほとんどの人々がその必要性を認めていても市場を通じては供給されないような財やサービスを提供している。国防，外交，司法，消防等のサービスは，人々が安心して生活していくうえで必要かつ不可欠なものと考えられる。しかし，この種のサービスはその費用を負担しない人々でもサービスを受けることができるという性質を持っている。それゆえ，企業にとっては採算が合わないから，市場を通じては供給されない。しかし，人々が社会生活を送るうえで必要であるならば，政府がそれらを提供することになる。このような財やサービスを一般に公共財（public goods）という。

　また，政府は，民間部門が市場を通じて供給可能な財やサービスの一部も提供している。たとえば，住宅，医療，教育，福祉等に関連する財やサービスは市場を通じて供給することが可能であり，実際に供給されている。しかし，住宅市場が十分に発達していても，低所得者が一定水準以上の住居に入居するのは家賃の面から容易ではないであろう。住宅が人々の生活の基礎をなすものであり，誰でも一定の水準を満たす住居を保証されるべきだという考えが社会の多数を占めれば，政府が低家賃の公営住宅を提供したり，家賃の補助をしたりすることになる。義務教育や社会保険医療も同様な考え方に基づいている。

　第八に，近年では，国民経済の安定と成長の促進のために市場経済に介入することが，政府の重要な役割になっている。市場経済には多くの撹乱要因があり，とりわけ，経済のグローバル化や情報化の進展に伴って，それらが国内経済に及ぼす影響はますます大きくなっている。深刻な景気後退や大幅なインフレを回避するために，政府が，マクロおよびミクロの各種の政策手段を通じて国民経済全体を見通した総合的な対策を実施することが必要となっている。

　以上のように，政府は，市場を整備したり，市場の欠陥を補ったり，また，

市場を通じては供給されない財やサービスを提供したりする役割を担うようになっており，そのために様々な面から国民経済や国民生活に関与することが多くなってきている．

2. 政府の活動範囲の見直し

　元来，種々の経済活動や国民生活に対する政府の介入は，何らかの社会的根拠に基づいて多数の人々の要請によって実施されてきたといえる．したがって，その時点では，社会的要請が強く，また，社会的合意があったと見ることができる．しかし，政府の介入や規制が多くの分野に拡大してくると，次第に，種々の問題点が指摘されるようになっている．

　第一に，政府支出が過度に拡大するという問題がある．本来，市場を通じて供給されるべきものであっても，それが一度政府によって提供されると，やがて人々はそれを当然のことと考えるようになってくる．その結果，生活水準が向上して自力でやっていけるようになっても，従来のサービスを受けることを既得権として主張する傾向がある．政府は常に新しい政策課題に対応して行かなければならないから，従来の支出内容を厳しく見直す努力を続けなければ，政府規模は肥大化してしまう．過度に拡大した政府支出を賄うためには，結局，増税を通じた国民一般の負担の増加をもたらさざるをえないことになる．

　第二に，第一の指摘との関連で，政府活動の拡大は，財政赤字を増大させる傾向がある．国民経済が高度に成長している時期には，政府支出の増加が民間の経済活動を活性化し，租税等の収入も増加するという好循環も生じた．しかし，経済が高度に成熟化し高成長が困難な状況の下では，税制が同一である限り，租税収入の伸びは低下する．それゆえ，政府活動の範囲が拡大を続ければ，財政収支の均衡が崩れて，財政赤字が増大してしまう．この財政赤字は，最終的には現在の国民や将来の国民が負担することになる．

　第三に，政府活動の過度の拡大は，国民経済的観点から見れば，種々の非効率をもたらすと考えられる．一般に，政府部門の活動においては競争原理が働かないから，民間企業のように市場競争で生き残るために懸命に努力するとい

うような刺激（インセンティブ）が希薄である。また，政府活動においては利潤動機が働かず，仕事の成果や能率を評価する客観的基準も乏しい。それゆえ，政府の活動は民間部門と比較すると，効率の面で劣ることが少なくない。このような政府活動の非効率性は，その活動の範囲が過度に拡大し，複雑化した結果ともいえる。政府の役割が今日のように多岐にわたるようになると，ある政策の実施がどのような効果をもたらすか予測しにくいことがしばしば出てくる。政府がある観点から国民のためになると判断して実施した政策が，当初に予想したような効果をもたらさなかったり，別の観点から実施した政策と整合性が採れなくなったりしてしまうことも生じてくる。このような場合には，政策の効果は大幅に減殺されたり，ほとんど効果がなくなったりしてしまう。その結果，財政面では無駄な経費支出が生じてくることになる。

　第四に，民主主義の下では，政府がその政策に沿って個人や企業が行動するように強制することはできないから，政府活動の効果には自ずから限界がある。個人や企業が市場を通じて活動する場合には，それぞれ，効用の最大化や利潤の極大化という動機が働くが，そのような要因のない公共政策においては，民間の人々がそれに対して協力的な行動をとるという保障はない。それゆえ，政府の実施する政策の効果は限定されることになる。

　第五に，議会で決定された政策が，その遂行の過程で，意図した効果を十分に達成できないことが生じてくる。一般に，議会で決定される政策は，その目的や意図，大まかな基準等については明確であっても，具体的な実施手続きや細かな基準についてまでは定められていないことが少なくない。それらの実施手続きや細目については，行政当局に委ねられる傾向がある。そのことは，その政策を行政の場で担当する官僚の裁量する余地を大きくしている。たとえば，行政改革などについて，議会や国民の判断と官僚の判断との間に乖離がある場合に，行政に具体的な政策の実施についての判断を委ねることは問題であろう。同様に，政治家の行動が国民全体の利益という観点から乖離していることもある。政策の実施は，本来，国民ないし住民全体の利益のためになされなければならないが，とりわけ，選挙において自分を支持してくれる人々のために行動する政治家も少なくない。その場合には，特定の地域住民や特定の利益集団の

ための政策となり，国民全体の利益とは相反するケースとなる。また，このような政治家の行動は，予算を総花的にして財政規模を過大にする傾向がある。

以上のように，政府が経済・社会活動や国民生活の多様な分野に関与する度合いが大きくなるにつれて，種々の問題点が出てきている。政府の介入は，当初は国民経済の発展や国民生活の向上のためにその必要性が広く社会に認められ，一定の成果を挙げてきた。しかし，政府の活動分野が拡大し，その範囲が膨張するにつれて，様々な問題が生じている。今日では，政府の活動内容や活動範囲を改めて見直すことが緊急の課題となっている。

先進各国では，1980年代以降，様々な面で政府の果たすべき役割についての見直しが行われるようになった。経済が高度に成長して財政収入が十分に見込まれた時期とは異なり，低成長が基調となった先進各国では，政府が経済社会の広範な分野に介入するような「大きな政府」を維持することは困難であるという社会的認識が次第に拡大し，また，「大きな政府」の存在が国民経済の中で民間の個人や企業等の活力を奪っているという考えが急速に普及してきた。このような認識は先進各国でほぼ共有されるようになっており，それを打開するための政策的な試みが模索されるようになった。

政府の政策の範囲を見直すための体系的な政策として代表的な例が，レーガノミクス（Reaganomics）とサッチャリズム（Thatcherism）であった。レーガノミクスとは，アメリカにおいて1980年代にレーガン大統領の下で実施された一連の経済政策のことである。当時のアメリカにおいては，福祉支出を含む巨額の政府支出が個人や企業に高い租税負担をもたらしており，また，「大きな政府」による各種の規制が生産性の向上を阻害していたので，それを打開するために政府支出の大幅な削減と大規模な減税を実施し，また，各種の規制を緩和することによって，個人の勤労意欲や企業の投資意欲を刺激し，経済全体の生産性の回復を図ろうとしたものであった。[5]

同様に，イギリスにおいても，当時のサッチャー首相の下で1980年代に大規模な政府の役割の見直しが行われた。第二次世界大戦後，「福祉国家」の道を歩んできたイギリスでは，福祉の分野ばかりでなく，経営効率の良くない多数の国営企業を抱えていた。それらが政府の規模を過大にし，大規模な財政赤字

を生み出し，また，イギリス経済も停滞していた。その停滞から脱却するために打ち出された一連の政策が，サッチャリズムであった[6]。そこでは，福祉支出を含む政府支出の厳格な削減を行い，また，公営住宅の売却や教育改革，労働組合改革等を推進すると共に，多数の国営企業を民営化し，政府の規制も抑制してできるだけ市場メカニズムに委ねようとした。

　現実には，レーガノミクスの下で，国防費の大幅な増加や民間の資金需給の逼迫もあって財政赤字が拡大してしまった。それゆえ，レーガノミクスは失敗であったという評価が1980年代の後半に下された。しかし，その後のアメリカ経済の動向を見ると，1990年代には経済は急速に回復して，好景気となっている。その要因を分析した多くの専門家たちからは，レーガノミクスによる各種の改革の効果が後になって出てきたものとして再評価されている。また，サッチャリズムについては，地方税の改革に象徴されるように，大胆な改革に対して多方面から反感を招いて，サッチャー首相は，結局，退陣に追い込まれた。しかし，その後のイギリス経済の回復は，当時の改革がもたらした成果として評価される。

　今日では，経済のグローバル化が急速に拡大しており，また，IT革命を通じた情報化が急激に進展しており，国内でも人口の高齢化が進み，地方の独自性の追及が拡大している。それらに伴う人々の価値観の多様化は，中央の政府による統一的な規制をますます困難なものとしている。かなりの程度まで成熟した経済社会では，政府が経済社会全体を一元的に規制したり誘導したりすることは，人々の満足度の観点からも，必ずしも適切でなくなり，場合によっては，むしろ経済社会の発展にとって阻害要因にもなることも考えられる。

　元来，国内産業の育成のために採られた政策措置や制度であっても，企業が十分に成長した後もそれらの措置が存続すれば，そのような措置は，既存の企業や個人にとっては優遇策の継続となり，他方で，新たに参入を図ろうとする企業や個人にとっては大きな参入障壁になるケースもあり得る。自由な競争を過度に規制することは，国民経済の効率を停滞させたり，人々の意欲を低下させたりし，また，人々の満足度をも減退させる恐れがある。成熟した経済社会においては，政府，とりわけ中央政府による一元的な運営方式は，限界を迎え

ており，その役割や範囲について大幅な見直しを行って，部分的にでも他の方式を導入していくことが，政策実施の効率性の面からも，また，人々の満足度の面からも重要になっていると思われる。

　経済社会が成熟し，同時に，様々な面でグローバル化が拡大し，また，情報化が進展するのに伴って，政府が一元的に経済や社会を主導するという社会的仕組みには種々の問題点が生じている。たとえば，政府による規制は，新しい分野に進出しようとする意欲的な個人や企業等の活動を制約し，それによって，経済社会の一層の発展を阻害し，社会の人々の利益を損なう結果をもたらしていることも考えられる。それゆえ，何が人々の真の利益になるかという観点から，従来の経済社会の仕組み，とりわけ，政府の役割と活動範囲を大幅に見直し，それに則った制度・政策の改革が緊要の課題であろう。

　一般に，人々の基礎的な衣食住に対するニーズがほぼ満たされる状況になると，人々のニーズは，次第に，量の大きさから質の向上へと転換してくる。質の向上という概念は，個人的嗜好を反映するものといえる。すなわち，経済社会の成熟化は，人々の価値観を多様化させる。それゆえ，政府が特定の目標に向けて人々を一元的に誘導しようとする方式は，成熟した経済社会においては必ずしも適切なやり方とは言えなくなってきている。人々の要望を如何に取り入れ，それらに対してどのように合理的に優先順位を付け，そして，如何に効果的に政策に反映させるかが改めて問われている。

　現代では，IT革命を通じて情報化が大幅に進展している。情報化の進展は，政府による情報の独占に風穴を開けており，人々は多様なルートで必要な情報を手に入れられるようになっている。また，民主化の一層の進展も加わって，情報公開の要求もますます高まっている。このような社会的状況の下で，政府が，必ずしも根拠の明確でない行政指導や従来からの慣行として各種の措置を採ることは，人々にとって容易には受け入れ難いものとなっている。

　また，今日では，経済を始めとして，様々な分野でグローバル化が急激に進展している。経済の場合，そのグローバル化は，国境を越えた経済的取引を普遍化させている。例外は常に存在するとしても，わが国だけが特定の産業分野や企業を優遇したり，保護したりすることは難しくなってきている。すなわち，

先に述べた価値観の多様化が進む反面で,経済活動や社会生活のあり方に関わるグローバルな価値観の共有化も同時に進行している。このような社会的環境の変化を考慮に入れながら,費用の節減を含む効率の側面と人々の満足度の向上を両立させる観点から,政府の活動の内容と範囲を見直していく必要がある。

その際に留意すべきことは,中央や地方の政府が自ら役割を果たしたほうが良いか,それとも,民間の企業等に委託したほうが良いか,あるいは,政府のサービスとしては縮小したり,廃止したりすべきか,などの課題である。そして,民間活力を導入するとすれば,どのような分野に,どのような形で導入するのかが問題となってくる。

3. 民間活力の導入

これまで述べてきたように,政府活動のあり方については,近年,ますます種々の問題点が指摘されてきている。元来,政府活動の拡大は,急速な経済発展を図り,人々の生活を向上させることを目指して行われてきた。しかし,経済社会が成熟化するにつれて,政府の役割の一部は必要性が薄れたり,場合によっては,経済発展や人々の満足度の向上にとって阻害要因になったりしている。言いかえれば,政府に対する人々の要請や期待に変化が生じている。それゆえ,今後は,社会の中で困った問題があれば一方的に政府に頼るというのではなく,費用分担や効率性を考慮しながら,中央政府と地方政府の役割と活動範囲,そして,政府と民間の役割分担を改めて再検討し,民間組織の活用を一層図る必要がある。

わが国の財政では,地方政府すなわち地方自治体の支出総額は,中央政府すなわち国の支出総額よりも大きく,前者の歳出純計額と後者のそれとの比率はおよそ3:2となっている。しかし,財源は国のほうが多くなっているので,その差額分は,地方交付税交付金や各種の補助金として国から地方に再配分されている。それらの交付金や補助金は,国が最終的に責任を持つ国民生活や産業振興等の事務を地方が委任されていることを根拠に交付されている。このような制度の下で,たとえば,地方の社会基盤整備を整備するための公共事業に

おいて，国からより多く補助金を受けられるような特定補助金事業が選択されがちで，地方が独自に住民のために行う地方単独事業はなかなか実行されにくい。しかし，地方は，国に依存していれば財源の面では苦労がないとしても，地方住民に特有の要望には応えられず，また，地方独自の政策を自らの責任で実施するような雰囲気も出てこないであろう。それゆえ，地方に大幅に財源とそれに関する裁量権を移譲し，国からの資金は削減して，いわば地方の自己責任で身近な住民の要望を効率的に果たせるような仕組みに改革することが重要である。地方は，限られた財源で住民のニーズを最大限に満たすために，どの支出項目を増やし，どの支出項目を減らすか，また，政策の実施において，民間企業やNPO・NGO，ボランティア団体，等々の活力をどのように組み入れるのか，などの様々な工夫を迫られることになる。

　最後に，政府と民間の役割分担について検討してみよう。政府による一元的な誘導や規制は，経済社会の成熟化に伴って，むしろ，経済発展や人々のニーズの充足にとって阻害要因となることが少なくない。それは，公共機関としての政府が本来持っている非効率性や，情報化の進展による各種の知識やノウハウの普及，グローバル化の拡大，そして，人々の価値観の多様化，などの影響によるものであった。しかし，政府の役割が不必要になったわけではなく，また，その機能が全く無効になったわけでもない。必要なことは，政府と民間の個人や企業，そして，その他の各種団体との新たな関係について考え，新たな協力関係を築くことであると思われる。

　政府が，その性格からして，ある種の非効率性を持つとすれば，政府の規模の拡大は，国民経済的観点から見れば，大きな損失を伴うことになる。先進各国は，人口の高齢化の進展によって政府支出の急激な拡大が予想されているので，その関連の支出項目を含めたすべての支出について例外なく見直す必要に迫られている。それゆえ，たとえば，現行の国や地方によるサービスの外部委託，公営企業の民営化，そして，規制を緩和して，民間によるサービスへの参入などを真剣に検討すべきであろう。

　その際に，経済社会の成熟化に伴う人々の価値観の多様化は，政府によって提供される公共財や公共サービスの種類や範囲に対する要求をも多様化させる

と考えられる。人々が最低生活水準を維持するためとか，最小限度の純粋公共財を政府が提供する段階では，政府の活動範囲について社会的合意が比較的に成立しやすいであろう。しかし，人々がある程度まで豊かになり，グローバル化や情報化の影響を受けながら，より多様で，より個人的な希望を示すような段階になると，政府がそれらに個別的に対応することは不可能であり，また，非効率ともなってくる。

　従来，政府によって長期間にわたって提供されてきた公共財や公共サービスであっても，現在そして将来において真に必要か否かを常に再検討すると共に，必要性が高いと認められたものについても，その給付の方法や費用負担のあり方を根本的に見直す必要がある。今後の経済動向や社会状況を考慮すれば，政府の提供する財やサービスの範囲を一層精選すると共に，そのような財やサービスをより安価に，より効率的に提供する方法を追及することも重要な課題となる。

　政府は，種々の根拠から，一定の財やサービスを個人や企業等に提供してきた。政府が国防，司法，消防，公衆衛生等のサービスを提供することは，「小さな政府」を尊重する社会においても，政府の最小限の役割として広く受け容れられてきた。その種のサービスは社会生活や経済活動にとって必要不可欠であり，しかも政府でなければ提供できないと考えられてきた。そして，そのための費用を政府は租税の徴収によって賄っている。

　しかし，政府は，純粋公共財だけでなく，本来，市場を通じてその費用を支払う者に対してだけ供給されるような財やサービスをも提供している。教育や医療の一部，公営住宅，公的年金等がその例である。政府がこの種の財を提供してきたのは，そのことが望ましいという社会的判断に基づいているからであった。そして，経済が高度に成長していた時期においては，税収も十分にあって財源的に余裕があったことが，その種の財の供給を拡大させたともいえよう。しかし，経済社会が成熟化し，高度な成長が見込めなくなっている状況の下では，政府の提供する財についても，その必要性を再検討し，また，必要性があると認められたものについても，その内容を厳しく再検討し，提供する対象や範囲，方法等について常に見直していく必要が出てくる。

政府規模の拡大は，本来，民間部門に委ねておくべき分野にまで政府活動が進出した結果とも言える。行財政の効率化および財政経費の削減という観点から主な見直しの対象となるのは，純粋公共財よりは教育，医療，住宅などに関連する準公共財の分野のものであろう。準公共財は，その利益が個々の受益者に帰属するものであるから，それらが無償ないし極端に低い費用で供給されることになれば需要は過大となり，国民経済的観点から見れば，資源の大幅な浪費をもたらすことになる。それゆえ，このような資源の浪費を回避するためには，財やサービスに対する費用負担の適正化を市場メカニズムの導入によって実現することが効果的であろう。このように，準公共財の分野では，市場原理を部分的にでも導入し，無償で行ってきた給付の一部を有償に切り替えたり，受益者負担を一層強化したりすることで，財政の効率化そして財政負担の軽減を図る必要がある。

　以上のように，準公共財については，その生産と供給の効率化の方法ばかりでなく，より根本的には，その種の財を政府が提供する意義自体を改めてチェックすることが重要である。また，純粋公共財についても，政府による供給が必要であるとしても，その供給の規模の適正化を常に図り，部分的な民間委託も含め，より効率的な生産と供給の方式を追求することが重要となってくると考えられる。

　これまでの政府規模の拡大は，純粋公共財というよりも，準公共財の範囲と規模の急速な増加に主として起因している。それゆえ，準公共財の中で現在の時点で社会的必要性の薄れたものを選び出して有料化したり，準公共財の枠内に残す場合でも受益者の負担割合を適正なレベルまで引き上げたりするような方策が採られるべきであろう。もちろん，そのような方策に対しては社会の中でかなりの抵抗も予想される。しかし，その種の財やサービスを従来の方式のままで残しておけば，それらを利用しない人々にも多大な費用を負担させ続けることになってしまうので，大胆な見直しが必要になる。

　政府による財やサービスの供給を見直す際には，民間の企業やNPO・NGO，ボランティア団体等の組織との連携が重要になってくるであろう。公営企業の民営化や国および地方公共団体によるサービスの外部委託，そして，

それらに関連する広範な規制緩和は，民間の組織に多くの活動の機会を与えることになる。そこでは，競争原理も働くと考えられるので，生産コストやサービスの費用が適正な水準に抑えられる可能性が高くなってくる。それは，政府活動のコストを引き下げることになり，最終的には国民あるいは住民にとっての利益となる。

　政府活動は今日では非常に広範な分野に及んでおり，その活動の費用は，結局のところ，人々が租税やその他の形で負担することになる。政府による財やサービスの供給が拡大すれば，その費用負担も増大せざるを得ないであろう。低成長時代となって人々の費用負担能力に限界が出てきたとすれば，財やサービスの供給を縮減したり，その供給のコストを引き下げたりする努力をしなければならない。

　その供給のコストを引き下げるための方策としては，第一に，NPO・NGOやボランティアなどの民間の非営利組織への委託や連携である。政府が提供しているサービスは，その性質から営利性が希薄であることが多いから，利潤動機に基づく企業よりも，非営利組織の活動に委ねるほうが適しているケースが少なくないであろう。非営利組織はその名の通り必ずしも利益を得ることに拘らないので，公共性のあるサービスが適正な価格で提供される可能性が大きいと考えられる。また，第二に，財やサービスの供給についてある程度の採算性が見込める分野については，企業性を持った組織への委託が適切であろう。企業は，市場を通じて競争しながら採算が取れるように活動を行うから，常に供給コストの引き下げに努力している。とりわけ，地方での小規模なサービスについては，ソーシャル・ビジネスの活動に大きな期待が持たれている。

第2節　住民生活とソーシャル・ビジネス

1. 地方政府の役割

　地方政府としての地方公共団体の主な役割は，住民の日常生活に密着した公共財を整備し，公共サービスを提供することである。たとえば，地方道路，公園，学校，上・下水道，消防，警察，環境衛生，児童や高齢者の福祉関連施設，等々について，その施設を整備したり運営したりする活動が，地方政府に委ねられている。中央政府としての国が全国的な観点から行わなければならない施策や事業の実施をその主な役割としているのに対して，地方政府は特に地域住民の生活や教育，福祉等に関連する分野を担当している。

　地方の自立性を高めることを意図した「地方分権一括法」が，1999年に国会を通過した。そこでは，第一に，国の地方自治体に対する指揮監督権をなくし，機関委任事務を廃止して，地方自治体の事務を自治事務と法定受託事務の2種類とすること，そして，第二に，国庫補助負担金の制度を整理し，国が負担すべき国庫負担金と国が奨励する意味で援助する国庫補助金とに明確に区分することが，その基本的な内容であった。これらは，国と地方の行政事務の分担を明確にして，地方で行うべきことは地方に委ねるという方向性を示している。地方自治体にとっても，また，住民にとっても，自由裁量の余地が拡大すると共に，自己責任の原則が適用されることになる。住民は，公共サービスによって利益を受けようとすれば，そのための負担をも考慮に入れて自治体に要求することが必要となる。また，自治体にとっても，住民の要求を満たすために，国に頼らずに必要なサービスを提供しなければならなくなってくる。それゆえ，効率的かつ健全に財政運営を行う必要があり，支出項目における優先順位の見

直しや，行政経費の削減，さらには，財政における増収策をも検討しなければならなくなってくる。

　たとえば，公共事業は，社会資本の整備のためばかりでなく，景気対策の重要な手段として用いられることも少なくない。強い地場産業を持っていない地域では，公共事業の実施が，経済活動の継続と雇用の確保の両面から非常に重要な意味を持っている。それゆえ，公共事業を大幅に削減すれば，地方によっては経済活動にかなりの打撃を与えることになるであろう。しかし，国民生活の基礎をなす社会保障の分野でさえも「聖域なき改革」といわれるような抜本的改革を迫られているほどの危機的な財政状況を考慮すれば，公共事業の分野でも大幅な改革が不可避となってくる。公共事業が自治体に委ねられるようになれば，その事業内容はその地方の人々にとって真に必要なもの，優先順位の高いものから実行に移されるであろう。また，使途の特定された補助金を渡すのではなく，税源そのものを移譲し，同時に交付金を削減することによって，地方の自由裁量権を拡大することができる。地方自治体は，自らの判断で必要性の高い事業を選択できるようになると共に，その結果についても責任が問われる。それゆえ，限られた財源をできるだけ効果的に使用するように，自治体当局も努力を求められる。

　このように，地方分権化は，国と地方の行政事務の分担を明確にして，地方で行うべきことは地方に委ねるという方向性を示している。住民にとっても，また，自治体にとっても，自由裁量の余地が拡がるというメリットが出てくることになるが，それは，同時に，自己責任も伴う。地方分権の推進は，相対的に優先順位が低下している支出項目を削減して，財政支出の効率化を促す効果があると考えることができる。地域の住民たちに一層のコスト意識を持たせ，自分たちがその費用を負担してまで要求すべき真に必要な公共サービスであるのか，そして，必要とされる場合でも，その範囲や水準が適切であるのかを冷静に判断してもらう。自治体当局も，また，その行財政運営において常に効率化に努めなければならなくなってくる。地方政府としての自治体が経済的にも政治的にも自立性を高めて，独自の行財政運営をできるような仕組みを推進していくことが，その運営の効率性という観点からも重要である。

地方分権の進展は，地方自治体に，経費削減のために，公共サービスの水準を引き下げるのか，それとも，住民税や手数料等を引き上げるのかという厳しい選択を迫る可能性が出てくる。市町村合併等によって，規模の利益を追求し経費の削減を求める動きも出てくるであろう。清掃工場や上・下水道の整備と運営の例に見られるように，ある程度の広域化が，経済的な効率性を維持するのに有効なケースがある。他方で，人材や財源の面からも，広域化によるメリットが考えられる。そのような観点から，地方分権の推進のためにも，自治体の最適規模を追求する試みがもっとなされても良いのではないかと思われる。

　政府の活動を維持していくためには，一定の費用が掛かる。首長や地方議員の選挙の実施，その首長や議員，そして，公務員に対する人件費の支払いは，直接的に住民サービスに関わる費用ではないにもかかわらず，自治体としての活動を維持するためには一定の費用負担が避けられない。その意味では，政府の数が少ないほうが，その種の固定費用を節約できることになる。(7) 固定費用の節約という観点から見れば，小規模な自治体を合併させて一定規模に拡大することが効果的といえる。それにもかかわらず，わが国で市町村等の合併が必ずしも十分に進展して来なかったのは，一部で自主財源が豊かなケースもあるが，主として，自主財源に恵まれない自治体ほど交付税等で優遇されるような財政再分配の制度が存在してきたからである。どのように小規模な自治体であっても，その行政事務を行うためには一定の固定費用が掛かってくる。その費用を節約するためには，合併を通じた自治体の広域化が望ましい。その推進のためには，現行のような財政を通じた再分配の制度の内容や仕組みを変えていくことも検討しなければならない。

　政府による財やサービスの提供は，その種類によって最適規模が異なる。現在，中央政府が提供している外交や防衛などのサービスは，どの地域の人々にも利益をもたらすであろう。しかし，地域ごとにその種の決定がなされることになれば，統一された意思決定がなされるまで時間が掛かり過ぎたり，同意しない自治体が出たりすることも考えられる。また，同意しない場合でも，サービスによる利益は受けられることになる(8)という不都合な問題も出てくる。それゆえ，この種の財やサービスは，中央政府によって供給されることが適切であ

る。

　他方で，それぞれの地域住民がどのような財やサービスの供給を政府に期待しているかについては，中央政府よりも地方政府の方がより良く把握できると考えられる。たとえば，ある地域では高齢者の占める比率が高いために，他のサービスと比較して，高齢者向けのサービスや施設に対する要望が多くなる傾向があるであろう。これに対して，別の地域では若い世代の占める比率が高いために，託児所や学童保育等の施設に対する要望が強くなるかもしれない。また，ある地域では，多数の住民が教育や福祉サービスの充実を何よりも望んでいるというケースもあれば，別の地域では，教育や福祉関連のサービスは一定水準で抑え，地域振興のために地場産業の振興や活性化により多くの資金を投入すべきであるという意見が多数を占めるケースも出てくるであろう。また，地域によって，政府が公共財や公共サービスを供給すること自体に対する評価が異なることもあるであろう。すなわち，ある地域では，ある程度まで大きな租税負担をしても政府が大幅に公共財を供給することを選択する住民が多数を占め，別の地域では，公共財の供給は一定水準に抑える代わりに租税負担も軽くするべきだと考える住民が多数を占めるかもしれない。

　このように，地方向けの公共財や公共サービスを供給する場合には，地方政府の方が住民のニーズについてより正確に把握できる立場にあり，また，きめ細かなサービスを提供できるであろう。それにもかかわらず，中央政府が全国一律のサービスを供給した場合には，ある地域ではそれが高く評価されても，別の地域では低い評価を受けることになる。低い評価の地域では，それだけの財源があるのならばもっと他のサービスに向けるべきだ，などという住民の不満が生じるであろう。中央政府が，地方の事情に応じてそれぞれに適切な政策を実行することは大変に難しい。このような問題を解消するためにも，地方分権を進めることが有効であると考えられる。地方政府は，地域住民の選好をより正確に収集し，それらをより良く反映する形で実際の政策を策定し，実行することができる存在といえる。そして，住民のニーズについての情報を集め，政策を立案し，そして，実行するという，それぞれの過程に，NPO・NGO，ボランティア団体，住民組織，また，地域のソーシャル・ビジネス等々と協力

し，連携していくことが重要であろう。

2. 多様な社会的課題への対応

　近年では，社会を取り巻く環境は，経済，政治，社会，文化，等々，様々な面で急激に変化している。各種の活動が国境を越えて盛んに行われるようになっており，また，IT革命を通じて情報化が急速に普及している。さらに，先進国を中心に少子・高齢化が急速に進展している。このような状況の下で，中央および地方の政府活動の見直し，企業の社会的役割の再検討，そして，新たな地域社会づくりやその再構築などの課題が，ますます，人々の注目を集めるようになっている。

　人々は，その生活の場である地域社会において，自らの権利と義務を十分に自覚した市民として行動するようになってきている。彼らは，生活環境を改善し，より良いコミュニティを造るために，ボランティア活動や地域の自治会などを通じて種々の役割を自主的に果たすようになっている。また，それらの活動との関連で，各地に種々の目的を掲げたNPO・NGOが組織されている。これらの組織が相互に協力して地域で自発的に社会的活動に取り組んでおり，さらに，自治体と連携したり，企業等と協力したりして，社会に貢献しているケースも少なくない。

　企業も，このような動きの中で市民社会の一員として一定の社会的責任を果たすことを要請されるようになっている。今日では，人々の福祉水準ないし生活の満足度の向上のために，企業も一定の役割を分担することが，いわば，当然のことと見なされるようになってきている。企業は，本来，効率的に経営を行って適正な利潤を獲得し，経営体として存続していくことを求められており，そのことも企業の社会的貢献の一環といえる。しかし，今後は，それらに加えて，その利益の社会的還元の他，環境に配慮した生産方法や流通形態等についても，企業の社会的責任（CSR）という観点から一層留意しながら行動することを求められるであろう。

　先進国では，人々の生活面での質的充実に関心が移ってきており，生産面で

の量的拡大には停滞が見られる。そのことが，経済成長率を低下させる1つの要因となっている。国民経済を活性化させ，それを通じて，より大きな成長の成果を人々に還元していくためには，新しい分野の産業を興していく必要がある。もちろん，それらは，人々の新たなニーズに基づいたものでなければならない。わが国でも，製造業を中心とする従来型の産業では，企業の海外進出が続いており，そのために産業の空洞化という現象が急速に進行している。それによる雇用の減少や経済の縮小化を克服するために，IT関連，グリーン・エネルギー，バイオテクノロジーなどの産業が新分野の産業として期待されている。生活者の観点からすれば，省資源・省エネルギーや環境保全が安心で快適な生活のために重要視されるであろう。これらの動向は，従来の企業や産業の発展を重視した政策から，生活者としての人々の利益を重視した政策への転換の必要性を示唆しているといえる。他方で，人々の生活水準を維持していくためには一定の経済活動水準が必要であり，税制や金融を含めて，新規起業や新技術等への新たな挑戦を支援するような枠組みを作ることが重要であろう。

　経済社会の発展に伴って生活水準が上昇し，人々の価値観は多様化する。また，それらに影響されて，企業の提供する製品やサービスの内容や数量も変化する。政府は，個人や企業等の需要者側の期待に応える形で公共財や公共サービスを供給する。それゆえ，公共財や公共サービスの種類や範囲も変化することになる。しかし，既存のサービスをそのまま維持して新たなサービスを提供することになれば，政府規模は一方的に拡大してしまう。政府によるサービスは，国民や住民の租税等の負担で賄われており，人々の負担能力には一定の限度がある。それゆえ，政府は，社会の将来のあり方をも考慮に入れながら，優先度の高い一定範囲のものに絞り込んで公共サービスを供給しなければならない。その際，人々の納得を得るためにも，政策の立案，審議，執行等の過程に，何らかの形で一般の人々が参加する仕組みを採り入れることが有意義であると考えられる。人々が，政府にサービスを要求すれば必ずその費用を負担しなければならないことを十分に認識していれば，政府によるサービスの範囲は自ずから一定の規模に収束してくるであろう。人々が自己負担や自己責任を意識しつつ政策の各過程に参加することは，民主主義の観点からも望ましいばかりで

なく，経済的観点から見ても政府の運営の効率化や採算性の向上につながると思われる。

　今後の政策決定においては，先にも述べたように，グローバルな観点とローカルな観点を常に意識することが重要である。現在では，経済，政治，社会，文化，等々のあらゆる分野で国境を越えた活動が日常化している。そのような状況の下で，ある国の政策の実施は，その国民や企業等ばかりでなく，別の国の人々や企業等にも少なからず影響を及ぼす。それゆえ，自国が不当に不利益を受けることのないように努めると同時に，他国に一方的に不利益を与えるような形で自国の利益を図る政策を採用することも極力回避しなければならないと思われる。

　また，国内では，ローカルな観点が一層重要になるであろう。近年，地方の時代ということが盛んに強調されている。地方の政策実施において，地方自治体や地域住民の自主性を尊重することは，世界的な潮流となっている。成熟した社会では，ナショナル・ミニマムはかなりの程度まで充足されており，地域住民の公共サービスに対する要望や優先度は多様化してきている。それゆえ，公共サービスの供給は，全国一律の基準で実施するよりも，地方に委ねたほうが良いことになる。たとえば，公共投資についても，統一的なモノづくり，ハコづくりから，地域ごとに地方主導で優先順位を付けた政策を予算の範囲内で実施していけるようにすることが望ましいであろう。そのためには，現行の使途の特定されている一律的な補助金制度を見直し，使途の自由な交付税や自主財源を増やす必要がある。その意味からも，地方分権の一層の進展が，人々の満足度を高め，また，公共財供給の効率性を高めると考えられる。

　現代の社会は，将来に向かって解決すべき多様な社会的・経済的課題を抱えている。それらの課題の解決は様々な制約もあって容易ではないが，人々の生活水準の維持あるいは向上のために避けて通ることができない問題となっている。そして，それらの課題の解決に際しては，それらを取り巻く環境の変化や制約条件，そして，将来の社会のあり方や，そのための社会的仕組み，などを考えながら，多くの人々が納得のいくような解決策を打ち出していくことが重要であろう。将来の社会のあり方を模索するうえで，経済社会の近年の動きの

中から示唆される顕著で着実な変化の動きを採り上げてみると，以下のようなものが指摘できるであろう。

　第一に，まず，政府活動において変化が生じている。すなわち，政府の果たすべき役割について，その内容や範囲について様々な面からの見直しが盛んに行われている。政府は，もはや個人や企業を一方的に指導する立場ではなくなり，人々のニーズを社会的観点から公平・公正に，そして，できるだけ効率的に満たすように活動することを要求される。先進諸国では，1980年代以降，「大きな政府」から「簡素で効率的な政府」への移行が模索されている。政府は，自由で公正な市場の育成・維持や国際競争にも勝ち残れる環境づくりばかりでなく，近年では，市民や企業等が意欲を持って新分野に挑戦できる条件づくり，起業や仕事で失敗しても再挑戦できる環境づくり，そして，多数の人々が納得できる再分配の仕組みづくり，等々の要請に対処することを迫られている。政府に対する新たな要求が次々と出てくる中で，人々の租税等による負担面も考慮して，政府規模を適切な水準に設定し効率的に運営していくことが必要であり，そのためにも，地方分権等を含めた現行の制度的仕組みの見直しが重要な論点となってくるであろう。

　第二に，企業活動においても，その周囲の環境に変化が生じている。企業は，その事業を継続していくうえで，騒音や振動，大気や水質の汚染を生じさせないだけでなく，周辺の交通渋滞をも引き起こさないように配慮し，また，敷地の緑化等にも努めることも求められるようになっている。さらに，企業は，地域のコミュニティの一員として，様々活動に参加するように要請されている。他方で，本来の経済活動においても，その社会的責任として，雇用の維持に努めることが求められるかもしれない。わが国では，バブルの崩壊以降，非正規労働者が増大し，正規労働者は減少している。それは，企業にとっては，解雇しやすく，人件費の節約にもなるので，好都合かもしれない。しかし，若者を雇い入れ，教育や訓練を行って人材を育成し，働き甲斐のある職場を提供することが，企業の社会的信頼を高めることになるであろう。少子化が今後も着実に進むと予想される中で，働く人を大切に扱う企業が，人々から選ばれる存在となって行くものと思われる。さらに，企業は，グリーン・コンシューマリズ

ムが拡大する動きの中で，消費者からも選ばれる立場となっている。このように，現在の企業は，単に営利を目的とする経営体としてだけではなく，社会的役割の一部を担うべき存在と見なされるようになってきている。

　第三に，自然環境や社会環境あるいは人間環境等に関連する変化が生じている。自然環境については，その保全や悪化の防止，また，復元などの活動が社会的に広く推進されるようになっている。そして，社会の人々がどのような活動を行う場合でも，「環境に優しい」ことが社会で高く評価される。家庭や学校，企業や官庁，等々で，リサイクルや省エネルギーが広範に採り入れられている。企業は，仮に生産コストの面で不利であっても，環境に十分に配慮しながら経済活動を行わなければならなくなっている。他方で，社会環境については，地域や国境を越えて種々の物資やサービス，資金，そして，人々が交流するようになってきている。その結果，ある地域あるいは国のどのような活動であっても，他の地域や国に多大な影響を与える可能性が増大している。それが相手にとって良い影響の場合は問題にならないが，悪い影響を与える場合には大きな問題となってくる。それゆえ，近年では，グローバルな観点と同時にローカルな観点を両立させた「共生」という理念が尊重されるようになっている。さらに，労働環境については，一方では，先進国を中心に少子化が進行しており，他方で，開発途上国では人口の増加が続いている。国境を越えた人の移動が次第に自由になってきているので，当分の間，雇用機会が多くて賃金が高い先進国への労働力の移動が進むと思われる。とりわけ，先進国では，社会保障等を含めて，外国人の雇用条件を整備する必要が出てくるであろう。

　第四に，人口構成において，大きな変化が生じている。先進国，とりわけ，わが国では，少子・高齢化が急速に進行している。わが国の平均寿命は既に80歳を超える水準に達している。高齢者が増えていることは，栄養や医療の水準，社会の安全性の高さを反映していると考えられるから，そのこと自体は良いことだといえる。他方で，少子化が着実に進行している。わが国の合計特殊出生率は，近年，1.3程度であり，人口を維持するのに必要とされる2.1の水準を大幅に下回って推移している。その結果，人口構成の中で高齢者の占める比率が約四分の一となっており，将来的には人口の約4割が高齢者となる見込みであ

る。それは，社会的にも経済的にも多大な影響を及ぼすであろう。社会保障制度の維持という面から見ると，増大する高齢者を相対的にも絶対的にも減少する世代で支えていかなければならなくなってしまう。租税や社会保険料の負担にも一定の限度があると思われるから，現行の社会保障制度の内容や範囲を削減する方向で大幅に改革していく必要が出てくる。また，高齢者の増加は，マクロ経済の面から見ても，大きな影響がある。高齢者はもはや新たな貯蓄をせず過去の貯蓄を取り崩して生活していくと思われるので，このような人々が人口の中でも大きな割合を占めると，社会全体として，企業等の投資資金が不足してくるかもしれない。さらに，定年になって引退する人々が増え，少子化は一層進むと予想されるので，労働力が不足するかもしれない。経済活動における省力化や外国人労働者の採用を今から検討しておくことが重要であろう。

　第五に，以上のような様々な変化の中で，人々の社会や生活に関する意識にも変化が生じていると思われる。全般的な生活水準の向上に伴って，人々は，単に日常の生活を維持することにとどまらず，より「生き甲斐」のある生活を求め，より「働き甲斐」のある仕事を探す傾向を強めている。少子・高齢化は，諸々の対策を打ち出したとしても，不可避であるのならば，その状況の下で可能な少しでも良い生き方を探っていくことになる。社会保障費の負担をめぐって，一時的には世代間の不公平感が出てくるとしても，それを何らかの形で解決しなければならない。そして，将来的には，人口の減少そして労働力の減少が必然的な中で，高齢者もボランティアやNPO・NGO等の活動を通じて社会で一定の役割を担うなど，世代内や世代間で助け合うことの重要性が次第に認識され，普及していくものと思われる。

3. NPO・NGOとソーシャル・ビジネス

　人々が日々の生活を営んでいくうえで最低限必要な財やサービスは，基本的には，個人や家族が自ら働いて獲得し，何らかの事情でそれができない人々に対しては中央政府や地方政府が援助をしている。また，公共財あるいは公共サービスのように社会全体で共同利用するものについては，政府がそれらを提供し，

その費用を租税等の形で徴収している。しかし，一方では，経済成長率が次第に低下して政府収入の伸びが鈍化したり減少したりしており，他方では，経済社会の成熟化に伴って人々の財やサービスに対する要求も多様化してきている。その結果，中央政府はもちろん，地方政府であっても，人々の多様な要求をきめ細かに満たすのは，財源の面からも，効率性の面からも次第に難しくなってきている。このような状況の下で，ボランティア，NPO・NGO，そして，それらが事業の形態を取ったソーシャル・ビジネス等の活動が，社会の中で一定の補完的役割を果たす存在として注目されるようになっている。

　NPO（nonprofit organization）は民間の非営利組織であり，また，NGO（non-governmental organization）は非政府組織である。前者が主として国内，とりわけ，地域を拠点として活動するのに対して，後者は国際的な活動を行っている。NPOは非営利性を掲げ，自発的に参加するメンバーで構成されている。現在では，NPOの活動は，生活困窮者等の救済，議会等の監視，そして，特定の事業の実施など，多くの分野に拡大している。NPOがどのような目的で結成されたものであっても，その活動を維持するためには活動経費が必要となる。その経費は，寄付や会費の形で賄われることになる。また，経費の節減の面からも，ボランティアの参加も必要となってくる。ボランティアの参加を募ったり，寄付を集めたりするためには，その活動あるいは事業内容が，社会的に有意義と人々に認識されなければならない。

　中央政府や地方政府が義務として一律に提供すべき財やサービスには含まれないが，人々が提供を望んでいる財やサービスがある場合には，原則的には，市場を通じて自己の費用負担でそれらを手に入れることになる。しかし，その種の財やサービスが市場で供給されていなかったり，供給されていてもお金を持っていないために高価で入手できなかったりすることもあるであろう。そのような場合に，社会の中で補完的な活動を担う役割を多くのNPOが果たすようになっている。わが国の「特定非営利活動促進法」（NPO法）で規定されているのは，保健・医療・福祉，社会教育，まちづくり，学術・文化・スポーツ，環境，災害，地域，人権・平和，国際協力，男女共同参画，子ども，情報化社会，科学技術，経済活動活性化，職業能力開発・雇用機会拡充，消費者保護，

そして，以上の活動を行う団体の支援という17の分野となっている。これらを見ても，NPOの多くは，社会性と同時に公共性を持った存在といえる。

　福祉関連の分野について見ると，中央政府は原則としてナショナル・ミニマムとしての全国一律のサービスを提供しているが，地域によって事情が異なるであろうから，それは，必ずしも地域住民の優先度に応じた要望の充足とはならないかもしれない。その意味では，地方分権を進めて地方政府の自主性を高めたほうが良いことになる。しかし，地方政府が財源を賦与されてその自由裁量の余地が拡大したとしても，政策を実施する場合には，公平性の観点からその地域内で同一の基準でサービスを提供することになる。しかし，福祉サービスの需要者は，サービスの種類や範囲等について一人一人異なった選好を持つと考えられる。しかし，地方政府としての自治体は，議会等を経て一定の基準に基づいてサービスを供給しなければならない。個々の家庭や個人的事情を十分に配慮して個別的にサービスを提供することになれば，自治体は，時間的にも，また，人件費やサービスの価格の面でも，非常に大きなコストを負担しなければならなくなってくる。

　このようなケースで，福祉関連のNPOの活動に注目が集まってくる。政府によるフォーマルな活動ではカバーしきれなかったり，また，その供給のコストが高過ぎたりするようなサービスを，NPOであれば提供できるかもしれない。NPOは，その活動に意義を認めて自発的に参加する人々によって構成されているから，一般に，士気（モラール）が高く，効率的に行動すると思われる。また，サービスを供給するコストの面でも，非営利を前提としており，ボランティアの協力もあるであろうから，供給コストを低水準に抑えることができるであろう。このように，小規模で小回りの利く分野では，NPOが，他の組織よりも効果的にきめ細かなサービスを提供できると考えられる。

　人々が望んでいる財やサービスのうちで中央および地方の政府によっては提供されないものがある。政府がその種のサービスの費用を租税等で徴収することには人々の間で必ずしも広範な合意を得るまでには至っていないが，一部の人々はその供給を強く望んでいるようなケースがある。政府の立場からすれば，社会的に多数の人々の要請があり，しかも，その供給費用を租税等で賄うこと

に人々が同意しない限り，その種のサービスを提供するわけには行かないであろう。とりわけ，政府が財源の不足に悩んでいる状況では，政府によるサービス等の供給はできるだけ制限せざるを得ないことになる。

　政府によるサービスの提供は以上のような理由から難しいが，一部の人々がある種のサービスを強く望んでいる場合には，民間の活動にそれを頼ることになる。しかし，その種のサービスは，既存の企業等によってはほとんど提供されておらず，また，稀に提供されていてもその費用が非常に高くなってしまうかもしれない。そのようなケースにおいて，様々なボランティア団体やNPO・NGO等の活動が期待されており，また，実際に，多様な活動が行われている。これらの組織は，その活動のための資金を基本的に寄付金や会費に依存している。しかし，社会的な意義の認められる活動を行うのに際して，その活動資金を寄付金等に依存していては，その活動を継続的に実行することが困難になる恐れがある。このような場合に，社会的に有意義な目的を持つ活動を，寄付金や会費等にとどまらず，自ら収益性のある事業を行うことで資金を得て採算性のある活動とする動きが出てきている。ソーシャル・ビジネスは，このようにして，社会的意義のある事業を継続的に行うための組織として登場している。そして，社会的企業（social enterprise）は，このようなソーシャル・ビジネスを企業の形態で行うものといえる。

　ソーシャル・ビジネスは，人々の要請に応じて社会的に意義のあるとされる分野の財やサービスや提供している。それらは，先述のような理由で政府は提供していないが，一部の人々にとっては需要の優先度が高いものである。いわば，ソーシャル・ビジネスは，政府では十分に対応できないような社会的な要請を満たすための活動をしているといえよう。その際に，単に，寄付金や会費等に頼るような奉仕団体として活動するのではなく，その活動の継続性を維持していくためにも，収益性のある事業として活動している。ただし，ソーシャル・ビジネスは，一般の企業とは異なり，利益の追求よりも社会的諸課題の解決への貢献を優先する組織といえる。また，ソーシャル・ビジネスの活動は，たとえば，地域，まちづくり，子ども，社会教育，等々，多くの分野で，政府の活動よりも小回りが利いて効果的であったり，効率的であったりする。その

ことが，また，ソーシャル・ビジネスの活動の範囲を拡げていると考えられるであろう。

経済産業省の「ソーシャル・ビジネス研究会」によれば，ソーシャル・ビジネスとは，社会性，事業性，そして，革新性の3つを兼ね備えた事業体として定義されている。まず，社会性とは，その事業が，社会が解決を迫られている課題に取り組むことを目的として行われることを意味する。次に，事業性とは，その事業がビジネスとして実施されること，言いかえれば，収益性を維持して継続的に事業が行われることである。そして，革新性とは，社会的に有意義な新しい財やサービスを生み出したり，それらを社会に提供する新たな仕組みを作り出したりすることである。その結果，ソーシャル・ビジネスは，その活動を通じて，従来からの社会の仕組みやあり方を広範に変えていく役割，すなわち，ソーシャル・イノベーションの役割を担う存在になっていくと思われる。

近年では，NPO，NGO，ボランティア団体等が，寄付金や会費収入だけに頼らずに，安定的に収益を得ながらその事業を継続していく動きが強まっている。わが国では，社会的な課題の解決を目的として，その事業を継続性を持った活動にするために，ソーシャル・ビジネスの形態で運営する組織が増えつつあるといえる。とりわけ，中央および地方の政府は，地域の活性化を進めるために，ソーシャル・ビジネスあるいはコミュニティ・ビジネスを支援することが多くなってきている。コミュニティ・ビジネスは，その事業活動の範囲が地域社会に限定されていることを除けば，本質的には，ソーシャル・ビジネスと同一のものといえる。

第3節　地域振興とソーシャル・ビジネス

1. 地域の再生

　先進国では，人口構成における高齢化が長期的に確実に進行している。とりわけ，わが国では，一方では，平均寿命の伸びが順調に推移してきており，他方では，合計特殊出生率が低下しており，その結果，人口の高齢化が急速に進行している。また，地域的に見ると，人口が大都市やその周辺部で増えており，地方では人口が減少する動きが続いている。さらに，大都市およびその周辺では若年層を中心に人口が増加しているのに対して，地方では高齢者の占める比率が上昇している。これは，若年層が就学や就職の機会を求めて都市に移動する傾向が強いからである。しかし，従来の趨勢が続くならば，地方では将来的にその地域での生活やコミュニティの維持が困難になってくることが予想される。

　他方で，大都市およびその周辺部では，人口の急増によって保育所や学校，住宅，そして，道路や鉄道などの社会資本を急速に整備する必要が生じ，大都市の財政負担は急激に拡大した。やがて，都市の密集や混雑が激しくなると，人々はより快適な生活環境を求めて大都市の周辺部に移動を始め，いわゆるドーナツ化現象が起こってきた。それに伴って，その周辺部の地域で社会資本が不足し，それらを新たに整備する必要が生じてきた。大都市の中心部では，一部で人口の減少が激しくなり，夜間の過疎化が生じている。そのような地域では，過去に整備した社会資本の一部が過剰となってしまい，また，コミュニティが成り立たないケースも生じている。

　地方から大都市への人口の移動は，また，核家族化を進行させることになっ

た。人々はかつては大家族で地域に定着して近隣と密接な付き合いをしていたが，若者を中心に次第に都市部に移動して地元に戻って来なくなるにつれて，ほとんど高齢者のみでコミュニティが形成されるような地区も増えてきている。人口の高齢化と核家族化が共に進行してくると，それに伴う様々な社会的課題が生じてくる。子どもの世話や高齢者の面倒を地域で看たり，また，消防などの防災や防犯などの活動は，従来，地域の人々が自主的に協力して行ってきたが，高齢者ばかりが残された地区では，それらの活動を維持することが難しくなってきている。そして，それらの役割は，結局，行政に委ねられるようになり，その財政負担も非常に大きなものとなっている。

若年層を中心とした人口の都市部への移動と人口の高齢化の進行は，地域社会と地域経済の維持に多大な影響を与えることが懸念されている。地方では若年人口の流出が当分の間続いて，高齢者の比率が高い状況となるであろうから，その人々に対する保健，医療，福祉等のサービスを誰が担うのか，また，その費用を誰が負担するのかが大きな課題となっている。そして，若者が流出した地方では，防災や防犯等の地域活動を誰が行い，さらに，地場産業を誰が受け継ぐのかが問題となってくる。地元の産業が衰退すれば，勤労層を中心に人口の流出は一層加速化されてしまうであろう。

大都市部およびその周辺部においては，若年層の流入はあっても，高齢者は増加しており，その人口に占める比率も急速に増大すると予想されている。それは，出生率の停滞によって若年層の人口が減少しており，他方で，医療水準の改善等によって平均寿命は延びており，高齢者人口は当面，高水準を維持すると考えられるからである。高齢者の場合，一部は地方や海外に移り住むケースもあるが，病院や買い物など生活に便利な都市を出て行く人々は比較的に少ない。将来的に，大都市やその周辺部における人口の高齢化は，地方のそれよりも大きな問題となってくるであろう。それゆえ，大都市部においては，高齢者のための施設やサービスに対する需要が急速に増大することになる。それらの課題を，中央および地方政府のみに頼って解決することは，その費用負担の大きさを考えただけでも容易ではない。

今後は，その種のサービスの受益者の費用負担能力とサービスへの満足度を

考慮に入れながら，適正なサービスの水準と費用負担のあり方を設定していく必要があると思われる。その際に，地方により，その住民の要望に応じた独自の工夫や試みを行うことで，人々の満足度の向上や費用の節減につなげられる余地があるであろう。そのような方策の一環として，サービスの一部を地元のボランティア団体やNPO等の非営利組織，あるいは，ソーシャル・ビジネス等に委託することが考えられる。

　人口の高齢化の進行は，人々の生活の面だけではなく，生産面での経済活動にも大きな影響を与える。とりわけ影響の大きな要素としては，労働力の減少と貯蓄の減少が考えられる。出生率の低下は，将来的に，若年労働力の不足をもたらすであろう。わが国の企業は，既に，低い賃金コスト，低い法人実効税率，そして，海外からの輸入規制を逃れるために，海外に工場や事業所を移転する動きを加速化させている。その結果，いわゆる産業の空洞化という現象が現れてきている。その背景には，将来的に若年労働力が不足するという見通しも影響していると思われる。このような趨勢が止まらなければ，国内では雇用が減少してしまうことになる。地方によっては，雇用がなくなったり，大幅に縮小されたりして，人口がさらに流出し，地場産業も衰退して，地域経済が衰退してしまう恐れがある。地域経済を維持し，人々が定着して生活できるためには，このような状況を打開する方策が必要になってくる。

　また，人口の高齢化は，国民経済の観点からすれば，貯蓄の減少をもたらすと思われる。高齢者の多くは，社会保障制度の拡充もあって，一定水準の年金を受け取っており，また，介護サービスを受けたり，医療を受診したりする際にも，実際の費用負担は一割程度と低くなっている。その結果，高齢者は，引退後の生活を送るうえでの不安が小さくなり，自力で万一の場合に備える必要性が薄れてきているといえる。それゆえ，彼らは，現役時代にコツコツと貯めてきた貯蓄を，自分たちの生活を楽しんだり，子どもや孫たちにプレゼントをしたりするために，引き出すことが多くなってくる。人口構成の中で増大している高齢者層が貯蓄を引き出す側に回れば，総貯蓄は減少して来ざるを得ないであろう。しかし，国民経済の活動においては，貯蓄は広義の金融市場を通じて民間の設備投資の源泉となっており，また，租税や国債の購入を通じて公共

投資の源泉ともなっているので，貯蓄の減少は，投資を縮小させ経済成長率を低下させる恐れがあるといえる。

このような社会的・経済的環境が当面，変化しないとすれば，その状況を前提として，今後，国民経済はもちろんのこと，地域社会および地域経済の活性化のための方策を追求して行かなければならない。そして，地域経済・地域社会の再生こそが，将来の国民経済の発展の鍵を握っているといえよう。従来，地域経済の均衡ある発展のために，中央政府は地方に対して地方交付税交付金や各種の補助金を交付してきた。それらは，道路や橋，港湾，学校，種々の公共施設の整備，等々を通じて，いわばナショナル・ミニマムの充足に十分に役立ったといえる。そして，それらを整備するための公共事業は，地方においては，地元の人々の雇用と物資の購入等の機会を拡げて，地域経済の発展に貢献してきた。それゆえ，地方自治体は，できるだけ多くの交付金や補助金を獲得して地元関連の公共事業を拡大し，継続させることに努めてきた。それは，基盤的な社会資本をどの地方にも一通り整備するという面では一定の成果をもたらしたといえる。

しかし，近年では，経済環境は大幅に変化してきている。経済の成熟化に伴って経済成長率は低水準で停滞するようになっており，その結果，政府の財源も常に不足する状況が続いている。このような場合，政府の採り得る選択肢は，増税，大幅な歳出の削減，そして，行財政の効率化の3つに絞られる。わが国の財政の現状は，財政の健全化のためには，そのすべての策を同時に大規模に実施しなければならないくらいの状況に陥っている。国民の間で増税への抵抗が強い中では，行財政の効率化と歳出の削減が主たる選択肢となり，削減の最大の対象とされたのが公共事業であった。2014年の4月と2015年の10月に消費税の引き上げが予定されているが，それが実施されても，わが国の財政は苦しい状況が続くと予測されている。

最近では，2011年3月の東日本大震災以来，地域の復興と防災対策を掲げて公共工事が急速に拡大している。しかし，それは，長期的観点からは例外的なものであり，財政面での制約を考えれば，今後，中央政府からの補助金等に依存した公共事業は総体的には縮小せざるを得なくなってくると思われる。一定

の交付金や補助金は継続されるとしても，地方は，公共事業のみに頼らないような形で，独自に地域活性化の方策を工夫する必要に迫られるであろう。

　地方が地域経済を活性化し住民の定着を図る方策の1つとして，企業の地域内への誘致がある。事業所や工場を誘致することによって，その地域では新たな雇用機会が生じ，それに関連する需要の拡大も期待できる。企業を誘致するために，地方政府としての自治体は，土地の取得や上下水道などの関連施設の整備，そして，税制上の優遇措置の導入などを行っていくことが必要になる。また，事業所や工場等の規模によっては，道路等の整備も必要になるであろう。さらに，その地域が，大都市や近郊都市との関連で，どのような場所に位置しているのかも慎重に考慮する必要がある。企業の生産する製品やサービスの内容によっては，距離的あるいは時間的に都市から遠ざかり過ぎては都合が悪い業種もあるであろう。ただし，最近では，IT関連産業が発展しており，その中には特別な整備をする必要がない業種もある。それゆえ，地方は，それぞれの地域の立地や特性を十分に見極めて，それに見合うような産業や企業に進出を働きかけたり，また，企業が進出しやすいような条件を整備したりすることが重要になってくる。

　企業等が地方に進出する際には，その立地や基盤的な社会資本の整備だけではなく，労働力の確保も進出を決定する重要な要素となるであろう。それゆえ，誘致しようとする地域やその近辺で，どの程度の人口があるか，とりわけ，勤労世代の人口がどのくらいの規模かということが決め手の1つになると思われる。長期的に労働力の不足が予想される中では，労働力を確保するために地方に立地する企業も出てくるであろう。その際，若くて優秀な人材が地元や近隣から得られる見込みの高い地域ほど誘致に有利といえる。その意味で，地方が，大学や専門学校を設立したり，熱心に誘致したりすることは，地元の若者を定着させ，他の地方からも呼び寄せる効果を持つと考えられる。人々が集まってくるような地域では，消費需要が拡大して，地域経済を活性化させ，また，コミュニティとしての活動も活発になると思われる。

2. 新たな地域振興

2000年4月に,「地方分権一括法」が施行された。また,2000年8月には,「地方分権推進委員会」によって,地方の独自財源の充実等が提言された。そして,2006年から,地方債の発行が許可制から協議制へと移行した。これらの一連の動きは,地方分権を推進し,地方による自由裁量の範囲を着実に拡大したものであった。そのことは,同時に,地方の自己責任の度合いをも高めることになった。その結果,地方政府としての自治体は,一層,効率的な行財政運営を迫られるようになった。地方自治体は,その裁量の範囲内で,歳出総額はもちろん,個々の項目の優先度を改めて見直す必要に直面した。そして,公共事業等についても,自己負担で実施することが多くなれば,事業の内容や規模,優先度等について,以前よりも厳しい選択を行わざるを得なくなった。自治体の間では,たとえば,図書館や清掃処理施設の例に見られるように,公共施設を協力して建設したり,共同して利用したりすることが増えてきている。それは,公共施設の立地や維持・管理の費用に制約があることが地方で十分に自覚されるようになったからといえる。このような自治体間の広域連携事業は,財政の費用を節約し行財政の効率化を推進するうえで,今後の重要な方向性を示していると思われる。

地方では,自治体の裁量権の拡大と財政的な制約の自覚の下で,地域の振興や再生を目指して,地域ごとに独自の産業振興策に取り組むようになっている。その振興策は,都道府県や市町村の内部で行われるものもあれば,行政の領域を超えて広域的に行われるものもある。地方は,その立地,交通,気候,労働力,地場産業,技術,等々の特性を活用する形で,外部の産業や企業を誘致したり,新たな産業を創造したりすることによって,地域の活性化を実現しようとしている。最近では,医療・健康関連の産業,IT関連産業,そして,介護関連産業など,新たな製品やサービスへの需要が増大している。また,それらの活動を支援するための仕組みも次第に整備されてきている。すなわち,大学や研究機関の技術開発と移転をしやすくしたり,新たなビジネスの創業を資金と制度の両面から推進したり,また,NPO等がソーシャル・ビジネスに進出

するのを後押ししたりするようになっている。

　地域で産業を育成していくためには，そのための広義の社会的基盤（インフラストラクチュア）の整備が必要となる。すなわち，企業等を創業し継続していくうえで，まず，上下水道，道路，情報通信ネットワーク等の整備が必須条件になるであろう。それに加えて，技術面での産学連携が行いやすいならば，新製品の開発や改良に有利であろうし，また，行政との緊密な連携があれば，その円滑な運営ができるであろう。さらに，その地域の人々の理解と協力を得ることは，その事業を長期的に継続していくために必須のことといえよう。それらに加えて，その地域の人的資源と物的資源を新たな産業に活用できるような工夫をしていくことが，従来の産業の維持や発展のために重要であると思われる。それが実現される場合には，地元に人々が定着して，コミュニティの維持・発展が期待できるであろう。

　農林水産業においては，近年，「6次産業化」ということがいわれるようになった。それは，すなわち，1次産業として生産をするだけにとどまらず，その生産物を加工し，さらには，その販売まで一貫して行うことである。以前は生産物を農協に届けることで仕事は終わっていたが，それを道路に沿った農産物直売所で販売したり，あるいは加工して販売したりするようなケースが増えてきている。また，自前の農産物や海産物を売物にしたレストランなども各地に見られる。それは，単に，生産して終わるのに比べて，加工し，また，販売することによって，付加価値を高めていることになる。

　しかし，農林水産業に従事する人々のすべてが，加工や販売に乗り出し，高い付加価値の恩恵を受けられるわけではない。加工や販売に乗り出すためには，初期の資金や人手，あるいは技術等が必要となるであろう。その際に，小規模な事業を興すのに必要なノウハウや技術を提供したり，資金や人手を集めたりする専門の人材や企業等があれば，地域での起業がしやすくなってくると思われる。地元の人的・物的資源を有効に活用できるような産業を興したり，それらと連携できる産業を誘致したりすることができれば，生産活動が活発になるだけでなく，同時に雇用の確保にもつながり，地域の活性化をもたらすことになるであろう。

地域振興を推進するためには，様々な条件や環境の整備が必要となってくる。たとえば，大学や研究機関がその開発した技術を移転しやすくしたり，新たな事業を立ち上げるのを資金や税制面等で後押ししたり，また，特定の地域を特区に指定して総合的な支援を行ったりすることが重要であろう。これらの施策は，主として，中央政府が先頭に立って進めるものといえる。また，地方政府は，独自に，あるいは中央政府と協力して，新産業のための種々のインフラストラクチュアを整備する必要がある。それには，道路や上下水道などの物的社会資本を整備するばかりでなく，「まちづくり」と関連した物流や情報のネットワーク作りや，地域における産学官の協力の仕組みなども含まれるであろう。また，これらに加えて，地域の人々の理解と協力を得ていくことも必要になると思われる。

　さらに，地域振興に取り組む際には，その計画を立案したり，計画の実施に参加して助言したり，また，必要な人材を集めたり養成したりすることに秀でた専門家が必要であろう。専門的知識を持っていたり，他の事例を良く知っていたりする人材の存在は，振興計画を円滑に進めるうえで有効である。彼らは，他の成功例や失敗例をよく認識しており，より広い視野から客観的に計画を見通すことができるであろう。このような専門家たちは，全体的なリーダーシップをとる立場というよりも，むしろ全体的あるいは特定分野のアドバイザーとして活躍が期待できると思われる。

　地域の振興計画は，そのすべてが成功しているわけではなく，失敗しているケースも少なくない。その失敗の原因は，一方では，計画の見込み自体に無理があったケースもあるが，他方では，その計画を実行する際の実施方法や手順に問題があったケースもある。事業計画を円滑に推進するためには，先に述べたような専門家的人材を活用することが効果的であろう[10]。すなわち，彼らは，地域の人々からそのニーズを集めたり，行政や企業等との橋渡しをしたり，事業計画の進行過程で管理に携わったりする役割を果たすことになる。このような役割を担うのは，必ずしも学者やコンサルタントのような専門家とは限らず，住民の代表や自治体の担当者等がその種の役割を分担することも考えられる。その役割は，地域計画の規模や分野等によって異なるであろうが，計画遂行の

調整者として有意義なものと考えられる。

3. 中央・地方政府との連携

　新たな地域振興のケースだけでなく，近年の政府活動は，通常の行政の実施においても，様々な組織や団体等との連携や協力が必要になってきている。たとえば，地方政府として自治体がその行政を円滑に遂行していくためには，補助金や交付金等との関連で中央政府との連携は不可欠である。しかし，地方政府は，法律や規則，そして，それらに基づく財源等の枠組みは中央政府に依存するにしても，地元での政策の実施においては，NPOやボランティア，地域自治会等の協力がなければ，その活動の成果を十分には達成できないようになってきている。中央政府にしても，大規模な地域開発や公共事業の実施の際に，地元の住民の理解が得られなければ，その事業を進めることが難しくなってきている。

　経済社会の発展に伴って人々の価値観が多様化しており，その多様化した人々のニーズを政府が的確に把握することは容易ではない。また，政府は，その種の情報を職員だけでは収集しきれないであろうし，しばしば専門機関等に委託して多額の費用をかけるほどの財政的な余裕もないであろう。このような場合に，住民が陳情等をも含めて自発的に政府に情報を提供すれば，政府としてもコストをかけずに情報を集めることができる。実際には，広聴の窓口を用意しておかなければならないであろうから，ある程度のコストは負担しなければならないが，自ら職員を配置して情報を集めて回ったり，専門の業者に委託したりするよりは，遥かに安価かつ容易に各種の情報を得ることができるであろう。人々の生活の場における身近な情報を入手し，そのニーズの度合いを知ることができれば，それらを実施すべき政策の優先度に反映させることができることになる。そうなれば，政策の遂行の際にも，住民の同意を得やすいであろう。

　とりわけ，地方政府がその政策を実施する際には，近年では，住民の参加が当然のこととなっている。住民参加の方式としては，大別して，2つの面があ

り，第一のタイプとして，「まちづくり」の計画作成への住民参加があり，また，第二のタイプとして，従来の行政サービスを政府に代わって民間団体が提供するものがある。[11]「まちづくり」への住民参加は，その審議会に一般公募委員を参加させたり，計画の途中でインターネット等で意見を聞いたり，また，公聴会を開催したりする形で実施されている。それらの場で出た意見や要望が，住民の意思として，何らかの形で計画に採り入れられることになる。最近では，審議会等でも，多様な意見を反映できるように，経済界や専門家としての有識者の他，自治会などの住民やNPOなどからも委員として参加することが一般的になってきている。

近年，行政サービスの一部を，自治体に代わって民間の団体が住民に提供するようになってきている。各地でNPOやボランティア団体が誕生し拡大しており，それらの組織が社会的に有用な地域活動を行っている。それらは，従来の公と民という二分法の枠組みにとどまらず，いわば，新たな公共性を持つ組織として活動しているといえる。このような地元の民間団体は，一定のサービスを自治体が行うよりも迅速かつ安価に提供できることが少なくないと思われる。それは，従来の方式や細かい規則等にあまりとらわれずに，住民の要望をより身近で把握し，それに柔軟に対応できるであろうからである。

全国各地で，NPOやボランティア団体等が数多く生まれ，その活動が活発化している背景には，全般的に人々の生活が豊かになり，また，時間的余裕のある人々が増えてきたことがある。とりわけ，団塊の世代の人々は現役から引退し始めており，まだ能力も意欲も衰えていない人々が，積極的に社会活動に参加するようになっている。彼らは，自己の貯蓄に加えて年金や退職金があったために生活面での不安は少なく，環境保全や福祉，社会教育，国際交流，等々に強い関心を持っており，その能力を活用して社会に貢献しようという意欲が高い人々であると思われる。もちろん，団塊の世代だけではなく，上記のような意志を持つ人々が増えてきていることがNPO等の活動を支えており，また，そのような活動に対する一般の人々からの社会的評価が高まっていることも，その活動を推進する要因となっている。

地域の人々が連携し協力する動きは，着実に拡大している。大都市やその周

辺の新興都市では，以前は近隣との付き合いはあまりしない傾向があったが，次第に，自治会やボランティア団体等の活動が増加してきている。防犯や防災のための自主的な見回り，一人暮らしの高齢者への訪問，通学する児童等の見守り，近隣公園の清掃などの他，地域の自然環境や社会環境の保全，地元の小学校や中学校の行事への協力などへも，住民が参加するようになってきている。人々は以前は公共サービスの一方的な受け手であったが，近年では，そのサービスの提供に協力したり，自らグループを組織してその種のサービスを提供したりするようになっている。彼らは，地域住民のニーズを行政当局よりもよく知る立場におり，また，サービスの提供についても，その内容だけでなく，そのより良い提供の方式やタイミングを理解しているであろう。また，自発的な活動であるので，概して，サービスの提供にかかる費用は自治体等が提供するのに比べて低く抑えられることになると思われる。

　地方では，普通に生活するうえで，自主的な住民組織の活動が欠かせないであろう。地方では，若年層の多くが進学や就職のために地元を出て行き，そのまま戻らないことも少なくない。その結果，地元では高齢者が大半を占めるような地域もある。以前は，水路や道路の補修，清掃，また，田植えや収穫期において，地域住民が共同で作業を行っていたが，体力のある働き手は少なくなっている。また，消防団など防災や防犯の活動を担える人々も減少している。地方政府としての自治体は，その管轄する地域のすべてに十分な人員を配置したり，施設の管理をしたりしていくことが困難になってきている。しかし，地域によっては，特産物を栽培したり収穫したりして，それらを活用したビジネスを創業し，成功しているケースも見られる。そのような地域では，人々が共同してコミュニティ・ビジネスとして立派に運営しているケースもある。そのような活動を支える人材が得られるかどうかが，その活動の成否を握る鍵ともいえる。そして，その種の試みは，地元の人々ばかりでなく，外部からの支援も考慮に入れる必要があり，また，自治体等も地域の振興のために後押しすべきであろう。

　政府は，近年では，非常に広範囲な役割を担うようになってきている。しかし，政府自らがそのような広範な活動を行うことは，種々の理由で非効率とな

っている。それゆえ，政府活動を効率化させるために，その活動の一部が民間組織に委託されたり，民間組織と連携して事業を行ったりするようになっている。たとえば，PFI（public finance initiative）は，政府と民間が連携して事業を実施する１つの方法であり，公共施設の建設や管理等に民間の資金や経営手法を導入して効率的な運営を行おうとするものである。また，自治体等が公共施設の運営を民間組織に委託する指定管理者制度も導入されている。それゆえ，現在では，これらの活動分野に民間企業やNPOなどの組織が乗り出すことができるようになっている。それは，すなわち，公共性のあるサービスを政府に代わって民間の組織が提供していることを意味している。

　地域で小規模に提供されるようなサービスについては，コミュニティ・ビジネスとしてソーシャル・ビジネスがその役割を担う余地は大きいと考えられる。最初にビジネスを立ち上げるための資金の導入方法や組織運営のノウハウ等は，やはり専門家等に頼ることになるであろうが，運営が開始されれば外部の大企業等よりも有利な点も少なくない。地域内だけの小規模な施設の運営や些細なサービスの提供は必ずしも規模の経済性が働くとは考えられないので，大企業が有利とは限らないであろう。むしろ，地元の人々のニーズや気持をよく把握していることや，地元の諸事情に詳しいことが，その種の事業を遂行していくうえで重要になってくると思われる。ボランティア団体やNPO等は，その発足においては非営利の活動を行ってきた。その際には，その活動は寄付金や会費で維持され，人員もボランティアを集めていた。しかし，それをソーシャル・ビジネスとして展開していくならば，経営体として採算性のあるような運営を行っていくことが重要になる。スモール・ビジネスそしてコミュニティ・ビジネスとしてのソーシャル・ビジネスは，地元に密着した利点を最大限に活用して継続性のある事業運営を行う必要がある[12]。

第4節　公民協働とソーシャル・ビジネス

1．公民協働の意義

　近年，政府，とりわけ地方政府と地域住民，市民団体，企業などが一緒になって，社会的に有益な活動を行うケースが各地で見られるようになっている。たとえば，1人暮らしの高齢者の見回り活動が地元の自治会によって行われており，また，通学時の児童の見守りや，小学校や児童保育施設での課外授業や遊びの指導は，主として，地域のボランティアたちによって行われている。さらに，観光や地域の振興を目的に行われる市町村等の主催の様々な催事においても，町内会や青年会，老人会，商工会，等々，多くの地域組織やボランティアたちの協力の下でそれらが成り立っていることが多い。観光関連のお祭りの開催等は，その典型であると思われる。

　高齢者世帯の見回りや通学児童の見守りをすべて政府が行わなければならないとすれば，そのための人員の確保や費用の調達で政府の財政負担は非常に膨らむことが予想される。また，観光客を呼び込むためのお祭り等の行事は，その運営と進行等に非常に多くの人手を必要とするから，地元の人々の協力がなければその開催は難しくなってくる。通学児童の見守りは，児童の身の安全を図り親の安心のための活動であり，いわば治安の維持のための活動であるから，本来は，政府がその活動を行うべきであろう。しかし，政府がすべての通学区で警察官等を動員して毎日のように見守りを行うとすれば，そのための人員を常に確保しておかなければならならなくなり，予算的にも限界があると思われる。

　また，観光関連のお祭りは，地域振興を目的としている場合が多いから，地

元の自治体が総力を挙げて取り組むべきとも考えられる。しかし，お祭り等の催事のために多くの人員を割いて，本来の行政事務に停滞が生じることは避けなければならないであろう。他方で，お祭り等の開催は，地域の宣伝にもなり，観光関連の収入の増加も見込まれる。それゆえ，地元の人々にとっても何らかの恩恵があると考えられるから，各種の地域組織にとってもお祭り等の運営に協力するだけの価値があると認識されるであろう。このように，最近では，人々が公共性のある社会活動に参加することが増えてきているが，その背景には，人々が何らかの形で社会活動に参加して社会に貢献をしようとする意識が，次第に高まってきていることが指摘できよう。

企業等の組織が社会貢献の活動に参加することも，近年，増大してきている。企業は，地域のお祭りの際には，人手を送って助力したり，寄付をしたりすることが多い。また，その敷地の一部を開放して利用させることもある。企業は，市場を通じて人々の欲求を満たすための経済活動を行い，それを継続させることが本来の活動であり，また，そのこと自体が社会に貢献していると見なされる存在といえる。しかし，企業が社会的に評価されるためには，営利活動だけではなく，それを超えた貢献が社会に期待されるようになっている。従来から，企業は，メセナやフィランソロピーなどの活動を通じて，主として資金面から，社会活動を支援している。また，財団等を通じて，研究や奉仕活動等にも支援を行っている。最近では，それらに加えて，環境に優しい生産活動をしているか，地域の社会活動に積極的に参加しているか，なども企業の社会貢献度を図る目安となってきている。企業にとっても，その評価が高まれば，その事業の継続や拡大が容易になるであろうし，また，優秀な人材の応募にも結びついてくるであろう。

中央政府や地方政府は，国民あるいは地域住民の多くが要請する財やサービスを提供してきている。しかし，近年では，財政収入が停滞しているのにもかかわらず財政需要は増大する一方で，その結果，財政赤字が常態化している。財政赤字も最終的には将来の国民の負担になることを考慮に入れれば，低成長経済の下では，歳出面で大幅な削減をして行かなければならなくなってくる。行政の効率化はできるだけ追求し続けなければならないが，最大の課題は，歳

出のどの項目をどの程度まで削減すべきかということであろう。その決定の際に，情報公開や各種の委員会，審議会等，さらに，公聴会などを通じて，人々の意見を集約し，政策の優先度を決めて，政府が政策として実現可能な対象を絞り込んでいく必要があると思われる。また，政策の遂行の際にも，ボランティアやNPO・NGO等の協力を得て，サービス提供のコスト低減に努めるべきであろう。そして，そのサービス提供が事業として成り立ち，政府が提供するよりも安価になる場合には，その種の事業の立ち上げを容易にしたり，また，その事業の継続がしやすいような制度および税制を整備し適用したりすることが大切だと思われる[13]。

　政府活動は，本来，国民あるいは住民のニーズをできるだけ満たすような方向で行われるべきものだと考えられる。とりわけ，地方においては，自治体は，その住民の意向に沿って各種の行政を実施すべきことになる。しかし，従来の行政活動は，主として中央政府による法律や規則，指示等に従って実施されてきた。そこでは，いわば上から押し付けられるような形で施設が建設されたり，サービスが提供されたりするケースもあったといえよう。それは，自治体の意思や住民の意思が軽視されがちであったことを意味している。このようなケースでは，人々のニーズの優先度に則った財源の配分がなされていないから，財源配分上の効率性という観点から見ると，非効率が生じていることになる。たとえば，折角，立派な施設を建設したのに利用者が案外少なかったという例は，全国各地で必ずしも少なくない。それは，明らかに，人々のニーズを政府が見誤っていることに他ならないであろう。国民あるいは住民が政策の立案や遂行の過程に参加することは，そのような非効率を回避するためにも有効であるといえよう。

　人々が行政当局と協働することは，行政の効率化の面からだけでなく，民主主義のあり方から見ても望ましいと考えられる。中央政府であっても地方政府であっても，その政策立案の過程に国民あるいは住民が参加することになれば，人々の真のニーズを政策担当者はより良く知ることができるであろう。そして，人々に様々なニーズがある中で要望の多い項目や緊急性のある項目が公開の場で人々に提示されることになるから，それらを基に人々は意見を表明したり，

議論を行ったりすることができる。そのような過程を経て決定された政策であれば，人々はその政策の内容についてかなりの程度まで同意できると思われる。ただし，多くの人々が政策の意思決定過程に参加することになれば，その意見を集約し，最終的な政策決定までに時間が掛かるという問題はある。しかし，それは，いわば民主主義のコストとして考えなければならないであろう。他方で，その政策を遂行する際には，人々が政策決定に参加しており，人々の要望がある程度まで反映されているのであれば，そのような政策の実施については人々の協力も得られて円滑に遂行されることになるであろう。

　地方において，地域住民が，個人として，コミュニティとして，あるいは，NPO等の組織を形成して活動することが多くなっているが，それらは，また，行政と連携して協働する場をも拡大してきている。このような公民協働は，地域社会に様々な効果をもたらしている。[14] すなわち，第一に，行政サービスの受け手である人々の意見を採り入れることによって，サービスの充実化と供給の効率化が図れることがある。第二に，人々が地域社会全体の利益を考えながら行動するようになること，そして，第三に，自治体の職員も行政が誰のためのものなのかを自覚すること，などが指摘される。このような動きは，人々の社会に対する意識を変えていくものと思われる。

　すなわち，人々が社会との関わりを深めることによって，誰が社会の主役であるかを自覚するようになり，地域そして社会全体のあり方をより良い方向に変えていくような行動をしていくことが考えられる。中央政府も地方政府も財政事情が苦しく，その組織やサービスを縮小化することで効率化を図っている。しかし，とりわけ，地方においては，その地域の特色や地域住民のニーズを活かす形で効率化を推進すべきであろう。自治体が実施してきた行政サービスの中には，その存続の必要性が希薄化したものもあり，常に見直しを続けていかなければならない。また，施設の運営やサービス提供の一部については民間に委託することによってコストの削減や効率化に寄与しているケースも増加してきている。その際に，民間のボランティアやNPO等の組織との連携や委託を積極的に導入すべきであろう。また，民間の主体に委託されても，それらが採算性が取れなければ，サービスを継続して提供することはできない。それゆえ，

その種の事業を継続して運営し安定したサービスを提供し続けていくためには，一時的な寄付金等に依存するのではなく，安定した収入が見込めるような採算性のある事業運営を工夫していく必要がある。そこに，ソーシャル・ビジネスが存在意義を発揮できると思われる。人々の社会意識の変化やソーシャル・ビジネスの登場は，将来的に社会の仕組みそのものを変化させる要因となるかもしれない。

2. ソーシャル・ビジネスの可能性

　ソーシャル・ビジネスは，社会が解決を迫られている様々な課題を請け負う役割を果たす存在であり，また，その役割を継続的に実施していくための事業体であり，さらに，人々が求めている新たなサービスを開発したり，それらを新たな方法で提供したりする組織である。それらの特性は，それぞれ，社会性，事業性，革新性といわれる。とりわけ，革新性には，人々のニーズが高まっているにもかかわらず，従来提供されなかったようなサービスや商品を開発したり，従来から存在したサービスであっても人々が不便を感じているようなケースで，それらを改良したり，新たな供給の方法を実現したりすることなどが含まれている。このようなソーシャル・ビジネスは，NPOによって運営されるケースが多いが，企業も次第に進出してきている。企業にとっても，このような分野を新たなビジネスのチャンスと見なす動きが出てきている。その活動の主体がどのような組織であっても，ソーシャル・ビジネスの活動が拡大すれば，それが人々の社会的意識，そして，社会の仕組みを変えていくこと，すなわちソーシャル・イノベーションに繋がるとも考えられる。

　また，ソーシャル・ビジネスは，従来，公共サービスとして提供されていたものの一部を，政府等に代わって提供するようになっている。ある種のサービスについて，純粋な公共財ではないが多くの人々がそれらを政府が提供することに依然として社会的価値を認めているケースがある。そのことは，社会性，公共性が多くの人々によって承認されているといえる。近年，低成長経済の下で財政収入は停滞しているにもかかわらず，従来からの財政支出はなかなか削

減できない状況が続いている。このような財政状況の下で，人々の多様な要望に対応するためには，政府あるいは公的機関は，企業経営における考え方やそのノウハウを採り入れることを考えるべきであろう。[15]

　財政の運営面から見ても，従来のように，人々が要求すればどのようなサービスでも政府が提供するということは不可能になっている。それゆえ，各種の施策に厳密に優先順位を付け，実施する事業についてもコストをできるだけ圧縮して効率的な運営を行わなければならない。その関連で，事業の一部を民間の事業者に委託することも考慮すべきであろう。その際に，ボランティア組織やNPO・NGO等に協力を求めることもコストの削減に役立つであろうし，また，その種の活動の継続性を重視するならば，一般の民間企業やソーシャル・ビジネスの参入を促すことも重要になってくるであろう。

　わが国では，近年，公共施設の老朽化対策とその更新の問題が注目されるようになっている。学校や庁舎，公民館等の公共施設，道路，橋，上下水道などの多くで，その耐用年数に迫ってきているものが増加している。また，とりわけ，東日本大震災後，耐震や津波など防災面での危惧が増大しており，その対策の必要にも迫られている。政府に財源の増加が見込まれない中で，それらの経費を賄うことは容易ではない。これらの公共施設等の維持管理や更新の際に，財政負担をできるだけ抑制しようとするならば，創意工夫や効率性を重視する民間の主体と連携することが不可欠であろう。

　政府や自治体が，民間との様々な連携において，その運営やサービス提供等の活動が適切に実施されているのか，また，コスト節減等の効果がどれだけあったのか，などについて定期的に評価していくことも重要である。民間の主体であっても，必ずしも効率的な運営を行えるとは限らない。公共施設の建設や維持管理を民間に委託する際には，それを厳密にチェックできる体制を政府や自治体は準備しなければならない。政府は，また，それらを監督し指導できる人材を雇い入れたり，育成したりして，公費がその目的に照らして無駄なく適切に使用されるように配慮していかなければならないであろう。

　企業も，今日では，利潤を得て事業を継続し拡大させることだけでなく，その社会的な面での貢献が問われるようになっている。企業が長期的に活動して

いくためには，その地域や広く社会でその存在が評価されなければならない。そのために，企業は，寄付等の資金面や社員の地域活動への参加等を通じて，その利益や知識等を社会的に還元するようになってきている。企業にとっても，政府との連携や地域との連携は，ソーシャル・ビジネスなどの形態で，新たな事業の機会を生み出す可能性を持っているといえよう。

そして，地域住民も，また，公共サービスの受け手としてだけでなく，自治体等と協力してサービスを提供するケースが出てきている。経済社会の発展に伴って人々の価値観が多様化しており，政府による一律的なサービスの提供では人々の要望を満たすことが難しくなっている。また，地域の特性や人口構成等によっても，人々から求められるサービスの内容や規模が異なるであろう。さらに，政府の側では，財源的な制約も厳しくなってきている。他方で，人々の間では，自らの力で地域をより良くしようという動きが高まってきている。そのような社会意識を持つ人々が，ボランティア活動をしたり，NPO等を結成して様々な社会活動に参加したりするようになっている。そして，NPO等が，その活動を継続性のあるものにするために，一定の収益を得られるような事業体として運営されるケースも増えてきている。

NPOやボランティア団体，あるいは，それらから発展したソーシャル・ビジネスにおいては，その活動に積極的に参加する人々が必要となる。そのような活動の新しい担い手として期待されているのが，高齢者，女性，そして，若者である。[16] まず，高齢者については，定年退職後も比較的に元気な人々が多く，これまで仕事で発揮してきた能力を地域や社会のために活かしたいという考えを持っている人々が増えてきている。また，専業主婦であった人々も，従来から地域の自治会や何らかの社会教育活動に参加した人々が多くなっており，新たな活動のチャンスがあれば参加するだけの意欲を持っていると思われる。現在では，どの地域でも市民講座等が開催されているが，その参加者には，定年退職後の高齢者や主婦の姿が目立つようになっている。それらの講座に刺激されて，何らかの活動に参加する人々も出てきている。とりわけ，近年では，団塊の世代が退職する時期を迎えているので，彼らが社会貢献活動に参加することが期待される。彼らの中ではそのような意欲を持った人々が多く見られ，実

際に，各種の活動に参加している。

　また，女性は，近年，地域の様々な活動に参加するようになっている。市民講座等への参加者は概して女性のほうが多くなっており，そこで啓発されたり，参加者同士の結びつきの中から，何らかの活動に参加したり，新たな活動が生まれたりしている。また，自治会の役員や民生委員，地方議会の議員等でも女性の活躍が顕著になっている。たとえば，NPO法（特定非営利活動促進法）で規定されている活動分野の中でも，子ども，男女共同参画，消費者保護，地域などの分野では女性のほうが詳しいことも多いであろうし，また，その他の保健・医療・福祉，環境，社会教育，まちづくり，災害などの分野でも女性の視点からの提言や活動が大いに有効であると思われる。

　高齢者や女性だけでなく，体力と意欲があり，様々な能力を持った若者の参加が，今後，NPO等の活動を推進したり，ソーシャル・ビジネスを創業し運営したりするうえで重要になってくるであろう。阪神淡路大震災や東日本大震災の際に，多くの若者が，個人として，あるいは，小集団で様々なボランティア活動に参加してきている。そして，その救済のための募金活動においても，若者の姿が各地でしばしば見られた。若者は，概して純粋で正義感が強いから，社会のためになる活動は彼らに高く評価されるであろう。彼らが就職活動をする際に，社会のために役立つ仕事をしたいと言うことをよく耳にする。様々な社会問題に関心を持ち，その解決のために努力しようと考える若者の中から，その運営のための専門知識や指導力を備えたNPO等やソーシャル・ビジネスのリーダーたちが出てくることが期待される。

　様々な未解決の社会問題が存在するということは，それらが従来の制度や政策体系，価値観等の枠組みの中では容易に解決できないことを意味している。NPO等やソーシャル・ビジネスは，新たな組織，新たな運営方法，新たな視点を通じて，残された社会問題の解決を図る新たな試みとして評価されるであろう。それらの活動の多くは，地域に根ざし，また，小規模に行われている。しかし，規模の小ささは小回りが利くという長所をも持っており，まず，身の回りから問題解決に取り組むという意識を人々に促すであろう。そして，それらがビジネスとして発展して行くようであれば，新たなサービスや商品の創造

にとどまらず，新たなビジネスモデルの構築，さらには，社会の仕組みを変えていくことになると思われる。そこでは，新たなソーシャル・イノベーションが進行しているといえるであろう。

―【復習問題】――――――――――――――――――――――――――――
(1) 政府は経済社会の中で大きな役割を果たすようになっているが，そのような政府の活動範囲の見直しが先進各国で行われてきた理由は何か。
(2) 近年，NPO，NGOやボランティア団体等の活動が注目されるようになった理由は何か。
(3) ソーシャル・ビジネスは，他のボランティア活動とどのような点で異なり，どのような利点を持つと考えられるか。
――――――――――――――――――――――――――――――――――

<注>

(1) このように，市場を通じては全く解決されなかったり，あるいは十分には解決されない問題を総称して「市場の失敗（market failures）」という。
(2) 岸・島編著〔2000〕pp.34-36。
(3) これを経済学では外部経済（external economies）という。
(4) これを経済学では外部不経済（external diseconomies）という。
(5) レーガノミクスを支える経済理論的な背景としては，サプライサイド・エコノミクス（supply-side economics）の考え方があった。これは，経済の供給面に注目して，国民経済の生産性を向上させるための条件を整備することが重要であり，そのためには，政府による種々の規制の緩和，大幅な減税，そして，「小さな政府」を実現して，できるだけ市場メカニズムを活用することが主張された。
(6) サッチャリズムの経済理論的な背景には，「大きな政府」をもたらしがちな財政政策よりも，より市場メカニズムを信頼し，金融政策を重視する立場のマネタリスト（monetarist）の影響があったといわれる。そこでは，「小さな政府」が望ましいことになる。
(7) 井堀〔1999〕pp.213-216。
(8) 費用を負担しないでサービスを利用する者を，「フリーライダー（free rider）」という。「ただ乗り」とも訳される。
(9) 松谷〔2004〕pp.91-92。
(10) 玉沖〔2012〕pp.12-15。筆者は，そのような役割を担う者を「地域プロデューサー」と名付けている。

⑾　奥野〔2006〕pp.111-112。
⑿　ただし，大企業が企業の社会的責任（CSR）の一環として，ソーシャル・ビジネスに乗り出すケースもある。
⒀　たとえば，寄付金等の税額控除や，税額控除の対象となる法人の認定など。
⒁　荒木ほか〔2012〕p.166。
⒂　三枝〔2013〕pp.88-89。
⒃　鈴木監修〔2012〕pp.22-26。

＜参考文献＞
荒木昭次郎・澤田道夫・黒木誉之・久原美樹子〔2012〕『現代自治行政学の基礎理論―地方自治の理論的地平を拓く―』成文堂。
井堀利宏〔1999〕『政府と市場―官と民の役割分担』税務経理協会。
大杉卓三＆アシル・アハメッド(Ashir Ahmed)〔2012〕『グラミンのソーシャル・ビジネス―世界の社会的課題とどう向き合うか』集広舎。
奥野信弘〔2006〕『公共の役割は何か』岩波書店。
勝又寿良・岸真清〔2004〕『NGO・NPOと経済開発』同文舘出版。
岸　真清・島　和俊編著〔2000〕『市民社会の経済学』中央経済社。
三枝康雄〔2013〕『地域経営・企業経営の新潮流』メタモル出版。
鈴木克也監修〔2012〕『ソーシャル・ビジネスの新潮流―日本におけるダイナミックな展開を目指して―』エコハ出版。
玉沖仁美〔2012〕『地域をプロデュースする仕事』英治出版。
根本祐二〔2013〕『「豊かな地域」はどこがちがうのか―地域間競争の時代』筑摩書房。
松谷明彦〔2004〕『「人口減少経済」の新しい公式』積信堂。
安田信之助編著〔2012〕『地域発展の経済政策―日本経済再生へむけて―』創成社。

（島　和俊）

第2章

ソーシャル・イノベーション

―――＜本章のねらい＞―――

- ▶ソーシャル・イノベーションの果たすべき役割について論じ，ソーシャル・イノベーションの内容を明らかにする。特にその淵源となったインナーシティ問題や，グローバル化の進展に伴って現れた低所得層の増大についても触れる。これらをふまえて，ソーシャル・イノベーション・マネジメントについて明らかにしたい。
- ▶ソーシャル・イノベーションを支えるソーシャル・アントレプレナーについて，取り上げる。マルチステークホルダーの存在およびその相互作用を前提とし，その形成プロセスを明確化する。特にそこに参加する個人に焦点をあて，そこで生じる価値の創造と個の成長というダイナミクスについて論じる。
- ▶マーケット・メカニズムを利用する理由についても検討する。まず，マーケットのフィードバック機能に着目し，そのオープンな性格がソーシャル・イノベーションに相応しいことを論ずる。
- ▶ソーシャル・イノベーションを行う主体について論じる。事業型NPOソーシャル・ベンチャー，営利企業のそれぞれについて事例をあげつつこれを検討する。

キーワード

ソーシャル・イノベーション，ソーシャル・ビジネス，
ソーシャル・アントレプレナー，マーケット，NPO，NGO

第1節　ソーシャル・イノベーションによる
　　　　ソーシャル・ビジネス

1.　社会問題への対応

　社会問題の解決が，現代社会における喫緊の課題となっている。先進国，途上国を問わず経済格差が大きくなり，低所得層が拡大している。直接的には経済の低迷が長期化し，福祉予算の圧縮が進行していることが大きな要因かもしれない。しかしその背景には，社会全体の生産性向上や地域社会の活性化が不十分であることが存在している。そのような状況の中で，個人もしくは組織の私的利潤を追求することが，社会的な利益と衝突するととらえることはもはや事態の改善には役立たないかもしれない。もちろん，私的利潤の追求が市場全体としては最適資源配分をもたらすことは有効であろうし，市場の失敗を是正するという意味では現状での社会的利益の追求も依然として有効であろう。両者は私的セクターと公的セクターに分かれて対応してきた。しかし，今やこのような対応では不十分であろう。私的利益の追求と社会的利益の追求は，重なるものでなければ有効性を発揮できないかもしれない。
　ソーシャル・イノベーションは，ソーシャル・ビジネスの遂行によって果たされる。ソーシャル・ビジネスは，特殊なものではない。社会のために働きたい，という高い志があれば誰でも行うことができるものと考えてよい。ソーシャル・ビジネスの起業に関心のある人は，非常に多様である。そのスタンスは，極めて広範囲にわたっている。
　社会的企業起業の講座等には，既に多くの人々が集っている。大学・大学院の講義やコースも設置され始めてきており，ソーシャル・ビジネスの起業環境は，少なくともそれに関わる知識の修得については，整備されつつある。もと

より，既にソーシャル・ビジネスに関わってきた人々は，かなりの数にのぼる。環境問題，特に汚染の除去に取り組んでいる人，障がい者およびその福祉に尽力している人，いわゆるインナーシティで貧困問題の解消に携わっている人等，まさにソーシャル・ビジネスの中で模索を続けている人はたくさんいる。

ただ，これからソーシャル・ビジネスに新たに取り組もうとする人々はさらに多いといえる。日常生活の中で社会的問題に目を向けるようになった人，社会に直面する中で問題意識を持つに至った人，従来の利益管理から脱却した経営やそれに基づく労働のあり方を希求している人等，枚挙の暇もないくらいである。社会人，学生，主婦といった立場を超えてソーシャル・ビジネスへの志向は高まりをみせている。新たなソーシャル・ビジネスを立ち上げるのではなく，既存企業のなかで社会問題に取り組もうとしている人々も少なくない。

このような動きは民間部門だけではなく，官公庁でも確認できる。経済産業省がソーシャル・ビジネスに着目するようになってからかなり時間が経過しているし，地方自治体でも個別に取り組んでいるところも多い。ソーシャル・ビジネスに取り組み，これをソーシャル・イノベーションにつなげていくことに，官民に根本的な相違はない。個人レベルでも中央官庁，地方自治体を問わず，ソーシャル・ビジネスおよびソーシャル・イノベーションに関心を持つ人は多い。

社会問題に関心をもち，ソーシャル・ビジネスおよびソーシャル・イノベーションを通じてその問題を解こうとする人々には，問題意識が共有されていることが多い。問題意識が共有されていることによって，全く異なるスタンスの人や世代が相違する人との間にも同じように受け止められる可能性が生じる。ソーシャル・ビジネスの立ち上げにあたっては，異なる立場ではあっても，問題意識が共有できていれば複眼的な検討が可能となり，事業としてのフィージビリティを高めることができよう。ソーシャル・ビジネスは，特定の時点でなければ始められない，というものではない。条件が整ったと考えられれば，いつでも始められる。社会起業家たちも様々な経緯で始めています。スタンスがどうあれ，どのような年代でもソーシャル・ビジネスに携わることはできる。条件はただ1つ，社会問題に気づくこと，これだけである。社会問題に遭遇し

た時に，これを放棄してしまうか否か。そこで問題に取り組もうという選択を行った時に，ソーシャル・イノベーションを通じたソーシャル・ビジネスへと展望が開けることになる。社会問題への取組みは，いかなる条件下でも容易なものではない。困難な状況・環境ではあっても一筋の可能性を確認できるならば，そのトリガーとなるかもしれない。眠っている社会資源の活性化に気が付けば，それを動かせることもある。また，何らかの社会的成果が生じた場合，その共有の方法を考えることも取組みの糸口となろう。ボランタリズムの根源にある自らの得意なことを，何らかのかたちで社会に還元しようと思うこともあるかもしれない。

　何かに困っている人，あるいは地域とこれを解消する可能性がある社会資源とを新たに結び付ける。ここに，新たなソーシャル・ビジネスの可能性が生じる。もちろん，自らの得意分野をこれに結び付けることが前提である。

　方向が定まってきたら，自らの問題ないし問題意識と事業計画について，他の人たちに諮ってみることが必要である。ソーシャル・ビジネスは一般の事業に比べ，利益管理等特殊な部分が多い事業となる。一般の事業においても欠かせないことではあるが，それにもまして，複眼的・多角的検討が必要だからである。社会問題は，多様な原因・要因が錯綜するアマルガムのようなものであろう。ある社会問題は，それ自体は単一であっても多様な事物が絡んでいることが普通である。たとえば，障がい者の就労の問題を考えても明らかとなる[1]。障がい者福祉施設の取組みは基本であるが，施設の就職活動にとどまるものではあり得ない。また，単に障がい者受け入れ企業・組織の数という要素で決まるわけではない。当該会社・組織の制度，仕事のやり方，組織文化，立地している地域社会の状況，障がい者受け入れの状況，障がい者に対する社会の理解水準，当該自治体の財政事情，国の政策・施策など関連領域は広大なものとなる。したがって，社会問題という枠でとらえた物事については多様な人々と意見交換し，既存の制度や枠を十分に吟味したうえで，それらを再結合するかもしくは乗り越える方途を模索することになる。このような多面的な検討によって，従来の制度・方法によっては問題解決できなかった分野に，新たな事業を生み出しさらには制度改革まで志向するという人々が，ソーシャル・アントレ

プレナーとよばれることになる。

2. ソーシャル・イノベーション

　新たなソーシャル・ビジネスが成立する過程での新結合が，ソーシャル・イノベーションということになる。後述するが，シュンペーターは，イノベーションと起業家について述べている。起業家とは，新たな事業をもたらす新たな結合を果たす者であるとしている。新しい結合による方法が古いそれよりも効率的であれば，この新結合が古い方法を破壊するに至るというのである。いわゆる創造的破壊であるが，これはそのままソーシャル・イノベーションについてもあてはまることである。ソーシャル・アントレプレナーは，ソーシャル・イノベーションを通じて新しいソーシャル・ビジネスを生み出すのである。このように領域横断的な新結合によって，社会問題の新たな解決法を模索していく。経営資源を統合し，ソーシャル・ビジネスを立ち上げる。この創出されたソーシャル・ビジネスを媒介として新結合の適用が普及し，新たな市場の形成につながる。そのようなソーシャル・ビジネスの普及が，社会問題を解決していく。そのことが，新たなソーシャル・イノベーションをもたらす可能性を生じさせる。

　ソーシャル・イノベーションの多くは，大企業の研究開発から生じるわけではない。個々人の気づきや経験からも生じる。そのような個人的体験を持ち寄り，討議の対象にできることが必要である。分野を超えた新結合によるソーシャル・イノベーションは，多様な分野で活動する人々の結集によりはじめて実現のフィージビリティを持ち得る。ソーシャル・ビジネスも一般事業と同じように，経営資源を投じなければ立ち上げることができない。供給されるモノであれサービスであれ，その「新製品」の需要者を確保する必要もある。「新製品」供給にあたって，協働してくれる人々も欠かせない。ソーシャル・ビジネスは，通常の事業が利潤動機で動くのに対し，社会問題の解決・解消への思いが原動力となる。ソーシャル・ビジネスは，収益性に乏しい。事業収益には期待できず，参画者の報酬すら手弁当と化することもある。そのような状況下にあって

も，社会問題の解決・解消への思いは強く，利潤動機の欠落が障害になることはほとんどない。社会のために働きたいという意欲は，特に3.11の東日本大震災以降強いものとなってきている。

　ソーシャル・ビジネスを生み出し運営していくには，何が求められるだろうか。何といっても困難に苦しんでいる人への思いが持てることであろう。共感という表現が妥当かもしれない。その苦しみを共有するような方向で，深い共感を保ちながら解決・解消の方法をともに模索するところから，ソーシャル・ビジネスは始まる。ここには客観性は乏しいかもしれない。しかしこの苦しみを共有しつつ可能な対処を模索するところに，ソーシャル・ビジネスの核となるものが胚胎しているといってよい。もちろん感情的な同期だけでソーシャル・ビジネスが構成されるわけではない。社会問題の状況を客観的に把握し，これに対応する諸制度についても客観的分析が求められる。一般的な事業の場合でも同じだが，思い込みをビジネスに持ち込むことは厳禁である。とりわけソーシャル・ビジネス遂行にあたっては，多様なステークホルダーとの調整作業が重要になる。その調整のうえで必要となる資源を集めることとなる。ヒト，モノ，カネ，情報がいわゆる経営資源であるが，ソーシャル・ビジネスを立ち上げるにはこれ以外にも目配りが必要である。既存ビジネス，既存制度，地域資源などにも着目し，これらを有機的に結び付けることによってソーシャル・イノベーションにつなげていくようにする。

　経営・マーケティング管理の手法が必要であることは，一般的な事業と何ら変わらない。むしろ営利性に乏しいとすれば，一般的な事業以上に経営・マーケティング管理が徹底されなければならないであろう。従来のソーシャル・ビジネスが，NPOの運営も含め必ずしもうまくいかなかった理由の大きな部分は，経営・マーケティング管理の不足もしくは欠如に起因するのではないかと推測される。1970年代以降の米国を主として，非営利組織へのマーケティングの導入がはかられた。いわゆるソーシャル・マーケティングである。たしかに病院や大学のような非営利組織にはマーケティングが浸透したようにみえるが，ソーシャル・ビジネスへの導入は定着をみたといえる段階にはないようにみえる。生産管理や労務管理等の経営基本管理もまた重要であることは言をま

たない。

　社会問題を解決するためには粘り強い努力が欠かせない。試行錯誤いや錯誤の連続かもしれない。一般のビジネスにおいても同様の指摘があてはまるが，未知のものを創造する困難は相当のものとなる。これを貫徹する強い意志が求められる。ソーシャル・ビジネスは，ほとんど常に新しい分野を切り開いていくことになる。失敗が繰り返されることになるが，それを乗り越える覚悟がいる。既存制度等の社会の壁にも常にぶつかることになる。強い意志は，感情面だけで維持できるものではない。困難に直面している人々への思いを前提とした確固たる問題意識が必要である。そこから生ずる使命感が，ソーシャル・ビジネスを具現化していくことになろう。

　試行錯誤はあまいものではない。いわば失敗の連続である。そのような状況にもかかわらず，挫けることなく社会問題に地道に取り組んでいる人々がいる。ソーシャル・ビジネスを実際に担っている現場を見，事例を検討することは重要である。ソーシャル・ビジネスに限らないが，失敗を受け入れそこから学ぶことによって次の段階が拓かれる。失敗を通じて得た新知見が，新たな試行の前提となる。失敗の積み重ねが可能性を拡大するのである。

　ソーシャル・ビジネスは，社会を革新する可能性を秘めている。あくまで，利潤動機を一義としてきた市場経済そのものを変革できるかもしれない。社会問題をソーシャル・ビジネスによって解決することが，経済・社会そのものの変動をもたらすかもしれないのである。

　ソーシャル・ビジネスについては確立したビジネス・モデルがあるわけではなく，方法やノウハウについても試行錯誤の段階にある。経済・社会の変動とともに新たな社会問題が生じ，それに対応する新たなソーシャル・イノベーション，そしてソーシャル・ビジネスが必要となる。

3.　ソーシャル・ビジネス

　ソーシャル・ビジネスを構想する場合は，とにかく可能であるとして考えることが必要である。もともと，ビジネスとしては成り立ち難いと考えられてき

た領域であることが，一般的であるためである。否定的にみることはいくらでもできるということである。たとえば，有志で開講するフリースクールを想定してみよう。問題点は，やはり経済的なことで，補助金等にはあまり期待できないことだ。受講生には所得がないので，親に負担してもらうことになるが，1条校ではないので通常の学校に比べ負担が大きくなってしまう。[2]

いろいろと運動は行われているが，公的支援がない。フリースクールの財政事情は，非常に厳しいといえる。「フリースクール環境整備推進議員連盟」も結成されてはいるが，不登校の高校生の通学定期実現程度の成果にとどまっている。多様な助成金獲得に向けての努力は，実を結んでいる部分もある。しかし，助成金は新規事業には使えるが，経常的な運営費として使用することはできない。義務教育年次の自動・生徒がフリースクールにも通う場合，ダブル・スクールとなり，負担は大きい。1つには1条校に準ずるような位置付けを考えること，いま1つはフリースクールの運営に対する助成の仕組みづくりを考えることが必要であろう。フリースクールというソーシャル・ビジネスを成立させるためには，そのための制度についてのソーシャル・イノベーションが求められるのである。

不可能だとは考えないことだ。あくまで可能であるとして仮説構築を行う。不明点については文献にあたるとともに，実際の対象を調査する。当然反証が現れる。この反証に対応すべく改めて仮説構築を行う。この繰り返しを続けるということにおいては，研究一般と本質的には変わるところは無い。仮説が反証されることは，常態である。常に，仮説は修正されるということになる。この仮説の構築が一定の水準を満たすならば，ソーシャル・ビジネスの原型候補となり得る。もちろんビジネスを標榜する以上，ペイするか否かが検討されなければならない。

社会問題に対しては公的機関が対応することが圧倒的に多かったために，その事業がペイするかどうかはあまり考慮されてこなかった。日本では欧米と比べてもこの点の認識に乏しい。いかなる事業であっても，長期的に赤字が継続すれば事業を維持できないのは自明である。病院や大学のような組織も赤字が転換できなければ，閉鎖に追い込まれてしまう。あらゆる組織・事業は，活動

していくためにはペイしなければならないのである。継続的に社会問題に取り組むためには，黒字化できなければならない。もちろんソーシャル・ビジネスである以上，事業活動すべてが市場対応である必要はない。

　黒字化し，利益が生じなければ再投資の規模が拡大できず，事業規模も拡大できない。利益が獲得できなければ，社会問題への取組みも助成が終わればそこで中止せざるを得ないことになろう。ソーシャル・ビジネスは，広くとらえれば病院や大学等のNPO組織を含み，営利組織が登場するかなり前から主に宗教組織に付随して機能していた。奇跡の提示は宗教活動につきものであるが，もっと地道に病気の治療に尽力することは行われていた。また教育や研究は，けっして利益を目的に営まれたわけではない。宗教組織の管轄する荘園からの利益や信徒の寄付によって，成り立っていたのである。宗教組織から政府へと助成主体は変わったが，ソーシャル・ビジネスが帳尻をあわせていかなければ存続できないことには変わりはない。むしろその事情は厳しくなっている。市場で購買者がお金を支払うことに，営利事業は全面的に依存している。ところがソーシャル・ビジネスが対象としている市場セグメントは，例外はあるものの経済的困窮者が多い。ソーシャル・ビジネス立ち上げのためには，ソーシャル・イノベーションが必要とされる所以である。

　対価モデルとは，受益者から収入を得るモデルである。ソーシャル・ビジネスの受益者は，何らかの社会問題を抱え，困難に陥っている人である。しかし困難に陥っているといっても，それが経済上の問題とは限らない。ベビーシッターを求める共働き家庭が，経済的事情でベビーシッターのサービスを受けられないわけではない。したがって，困難を抱えていることが，経済的事情に起因するばかりではないのである。このような状況はいたるところで確認できる。多くの非営利組織が関わっている教育や福祉の分野でも散見される。福祉サービスを必要としている家庭がなべて低所得であるなどということはないし，登校拒否児の家庭の経済水準が低いわけでもない。一般にソーシャル・ビジネスに関心がある層は，経済水準がむしろ平均より高めであることが多い。つまり，社会問題を抱え困難に陥っている，ということと経済状態が一義的に結び付くわけではないので，この2つを別けて考えることが必要である。受益対象者に

経済的負担能力がある場合も多く,そこから対価を得ることは可能なのである。

　医療・福祉・介護等領域では,公金投入されることが多く,社会保険として財源が確保されているため,利用の都度利用者に補助金が支給されるようになっている。何らかの疾患で病院へ行った場合,3割負担で利用できるのは,補助金のおかげである。政府や自治体,公共組織による補助といっても税金をはじめ利用者が基本的に負担していることが多いが,利用時の負担が限定されていることの消費への影響は大きい。このような市場を準市場という。準市場でのモノあるいはサービス提供は,利用者からの支払いに加えて,補助金分が入ってくるので,ビジネスとしては設計が容易である。医療・福祉・介護等領域では比較的大規模な法人が目立つのも,このような準市場により安定的な経営が可能となるからである。

　ソーシャル・ビジネスを対価モデルによって行う場合は,営利ビジネスと基本的には同じことになる。市場ニーズに応えることができれば,通常のビジネスと同様の成果を上げることができよう。このやり方の特長は,営利ビジネスと等しく経営が自由に制約なくできることにある。ソーシャル・ビジネスは,助成が受けられなければできないものも多い。しかし助成を受けると,行政の統制に服さなければならない部分が増加する。行政以外から資金援助を受けた場合にも当該援助組織ないし個人からの運用上の制約があろう。また,短所としては,社会問題を解決するという目的とビジネスの営利性の狭間で矛盾を来すことが多い。つまり,営利ベースで行う以上,対価を支払える人にしかモノであれサービスであれ製品供給ができないということである。利用者が当該社会問題を抱える人の一部に限られる場合には,根本的な見直しが必要になる。もちろん市場を介する以上,通常のビジネスを行う営利組織と競争することになる。そこで差別的優位性を確立できなければ競争に敗れ,市場からの退場を余儀なくされるのは当然である。

　経済上の問題で低所得層が利用できない場合は,マーケティングの基本からの発想が有用かもしれない。高所得層を対象に高価格で市場参入し,初期投資を回収した後低価格化をはかることができよう。いわゆるクリーム・スキミングである。また,大量供給によるコストの下落が予測可能な場合には,予めコ

スト下落時点での価格を先取りして実施することも考えられる。浸透価格（ペネトレーション・プライス）政策による市場参入となる。ただ，これらはいずれも製品にコスト競争力がある場合に限定される。コスト競争力に乏しい場合には，部分的に助成あるいは寄付を導入することも想定されよう。

4. ソーシャル・イノベーションとイノベーション

　本書では，ソーシャル・イノベーションを行う観点から，地域における社会問題を解決し，地域の発展をもたらすような社会的フレームワークの変革・実現を意図している。地域における社会問題を新たな思考をもって捉え，それをどのように改革するかを検討していく。

　ソーシャル・イノベーションについては，すでにいろいろな主張がなされているが，本書におけるソーシャル・イノベーションの考え方は，社会的問題という対象に対して取り組む場合，新しい考え方および方法を導入することによって制度・組織を変革していくことだと考える。ここでは，市場化がまず大きな課題となる。

　ソーシャル・イノベーションはタームとして用いられるようになってまだ日が浅いが，イノベーションが論じられるようになってからは久しい。領域としては，経済発展もしくは成長についてのイノベーションを論じたものが主流である。もちろんこの中には，社会問題解決のために現在のソーシャル・イノベーションに相当する領域や，社会問題もそこに含まれる地域問題について社会制度・組織を変革するようなことも含まれていた。ソーシャル・イノベーションという場合は，このイノベーションのなかでの特定領域を示すともいうことができる。

　イノベーション研究の嚆矢としては，何といってもまずシュンペーターの『経済発展の理論』があげられよう。イノベーションについての古典であり，ソーシャル・イノベーションについてのあらゆる議論が，ここにその淵源を持つといってよい。イノベーションを論ずるにあたってのバイブルのような存在である。シュンペーターが述べていること自体は，それほど難解ではない。学問的

な解釈となればその深淵の前にたじろいでしまうことになるが, さしあたりソーシャル・イノベーションを理解するために読むことは可能である。簡単にいってしまうと, 新しいものは何もなく新しい組み合わせがあるだけだ, ということになる。生産に関係するモノおよび力の新結合の遂げることとして主張された。この考え方は, あらゆるイノベーション思考のソースとなってきた。シュンペーターによる資本主義経済分析の中で, 経済発展のメカニズムとしてのイノベーションを取り上げている。経済発展とは, 経済それ自体の内部から生じる経済の循環の変動であるとした。ここで取り上げられている経済循環の変動とは, 外圧等経済の外側から加えられた圧力によって生じたものではない。内部経済に生じる変動だけを対象とするものとしている。変動要因としてイノベーションをとらえ, ここに新結合が有るか無いかを経済成長の条件としている。経済成長の核としてイノベーションを位置づけているのである。ソーシャル・イノベーションを検討する場合も, この基本的観点は変わらない。市場においてソーシャル・プロダクトを展開する事業である限り, ソーシャル・イノベーションもシュンペーターの規定するイノベーションと異なるものではない。

　しかし, ソーシャル・イノベーションが実現しようとすることはまず社会的問題の解決であり, 通常のビジネスとは異なり, 利潤追求が主目的というわけではない。ソーシャル・プロダクトについては, それがモノであれサービスであれ, 市場化が困難であったものから構成される。経済学が想定するような市場競争にそのまま直面することは, 市場導入と同時に即目的失敗をもたらすかもしれない。そこで, 基本的には市場での成功を企図するものの, 何らかのかたちで国もしくは地方自治体の政策的対応に期待せざるを得ない。このような国・地方自治体の政策に関する事例も出ていないわけではなく, これについての研究も蓄積され始めている。しかし, まだ端緒の段階にあり不十分な状況にある。国内における現状では, 個別のソーシャル・アントレプレナーによる啓発活動もしくは事例研究が散見される程度となっている。理論面での議論はいまだ十分なものではなく, 多くは米国もしくは西欧のそれを紹介・援用している段階といえよう。あらゆる領域でいい得ることであるが, 米国・西欧と日本の状況は大きく異なっている。法文上でのハーモナイゼーションがはかられた

としても，運用実態については国が異なれば相違は小さくない。したがって，欧米の状況がどの程度日本において反映することが望ましいかについては，未知数である。そうはいっても，先行する欧米の状況は日本にとって裨益するところが大きい。ソーシャル・イノベーションをめぐる理論展開を注視していくことが必要である。欧米での理論展開をふまえた日本独自のソーシャル・イノベーションを形成する基盤としても，着実な導入が望まれる。

　ソーシャル・イノベーションは，ソーシャル・ビジネスやソーシャル・アントレプレナー等広範囲の内容を含んでいる。ソーシャル・イノベーションを経済的側面から分析することは，不可欠である。従来の社会問題への対応では，明らかにこの観点が重要視されてこなかった。ソーシャル・イノベーションの経済的な評価は，とりわけ重要である。その上で，政策のなかでソーシャル・イノベーションをどのように位置付けるのかが検討されることになろう。ソーシャル・ビジネスの試行なかで，ソーシャル・イノベーションの可能性が模索されることになるかもしれない。市民社会の形成という大きな枠組みから考えてもソーシャル・イノベーションは重要であるし，それを担う主体となるソーシャル・アントレプレナーの存在は欠かせない。このようなソーシャル・アントレプレナーを支援するインフラストラクチュアーと目される社会セクターの状況も，ことの成否を大きく左右することとなろう。

　いずれにせよ，ソーシャル・イノベーションは，経済システムを革新することによって社会問題の解決をはかろうとするものであるという点で，大方の認識は一致している。市場メカニズムを通じてビジネスとして活動することにより，サスティナビリティの獲得を企図している。その方途として，ソーシャル・ビジネスやソーシャル・アントレプレナーが位置付けられることになる。国あるいは地方自治体レベルで問題解決のためにソーシャル・イノベーションを遂行しようとすれば，現状の資本主義市場経済そのものの再検討を行うことになろう。利潤追求を一義とする経済至上主義が問われることとなる。社会主義の壮大な歴史的実験がソビエト連邦の崩壊というかたちで一定の回答をもたらしたとすれば，ポスト資本主義市場経済のデザインがいかなるものになるのかは混沌としている。その構築いかんによって，ソーシャル・イノベーションの考

え方は大きく変貌することとなろう．逆に，社会のあり方がソーシャル・イノベーションによってインクリメンタルに変わっていく可能性ももちろんある．政治学，経済学，経営学，社会学等の観点からの根本的検討が必要である．ソーシャル・イノベーションが，一定の範囲で社会の変革をもたらす際に，企業もしくはNPOといった組織についても変成が予想される．

　また，欧米には先進事例がかなりあり，たとえば英国のCIC（Community Interest Company）[3]制度下での社会的企業への支援のあり方などは十分に検討される必要があろう．地域におけるソーシャル・ビジネスの展開状況についても，コミュニティ・ビジネスや中間支援組織のあり方等についての事例も欧米には相当な事例が蓄積されている．これらは，日本において社会問題の解決のためのソーシャル・イノベーションを実施するにあたり，実践上の方途を示唆するものとなろう．

　ソーシャル・イノベーションについての先行事例は，ソーシャル・プロダクトを市場メカニズムに乗せるという視角から検討されているものが多い．そこでは，ソーシャル・プロダクトを市場化した後に社会的制度ないし組織の変革を試行している．しかし，それらの事例はあくまで欧米社会の文脈の中で実践されており，日本へそのまま導入できるわけではない．欧米との文化的な相違は大きく，組織文化も大きく異なるのが普通だからである．ソーシャル・イノベーションがその重点を社会問題の解決に取り組む社会事業のサスティナビリティを追求する以上，市場メカニズムにその事業をいかに組み込むかということが焦点となる．したがって，経済的な方途が求められる．しかし，ここで止まるものではなく，このような取組みが達成されるためには社会システムのあり方が再検討されなければならない．さらに本質的なところまで遡行するならば，人間の実存まで検討すべきかもしれない．さしあたりそこまで考えることは，ソーシャル・イノベーターの守備範囲を超えてしまうかもしれないが．

　シュンペーターの新結合の考え方は，既に述べたようにソーシャル・イノベーションにおいてもその前提とすべき本質的なものである．あくまでも，経済発展の視角から述べられているが，いわゆる歴史法則主義にとらわれているわけではない．客観的な指標としての経済的事実に基づいて，経済の循環から

説き起こしている。本書が対象とするソーシャル・イノベーションについても，あてはまることである。経済学的な方法というにとどまらず，ソーシャル・イノベーションという事象に関わる諸々の波及効果を地域内で吸収することが企図される。

ソーシャル・ビジネスの持続を実現するための社会的なしくみの変革が求められるが，それはまず地域社会もしくは地域的な組織での変革を促すところから始まる。この地域という観点からのソーシャル・イノベーションが基本であり，コミュニティ・ビジネス等を検討する場合にも多方面からのそれが必要である。その経済効果についての報告はなされつつあるが，ソーシャル・イノベーションに関する研究は着手されてから久しいというわけではない。単にその経済効果について取り上げるだけでなく，社会的な変革がどのように達成されるのかということについて包括的な検討が必要である。

シュンペーターに代表される伝統的なイノベーション論では新製品，つまり新しいモノやサービスの展開過程に検討が集中していた。これらは市場取引を前提としており，ソーシャル・プロダクトがこれと基本的に変わるところは無い。ソーシャル・イノベーションといっても，イノベーションが根本的に別物になるというわけではないのである。ただ，現時点ではイノベーション論とソーシャル・イノベーション論を架橋する理論は現れていない。

第2節　なぜマーケットを利用するか

1.　マーケットを利用した社会問題の解決

マーケット・メカニズムを利用する理由について，いろいろな理由が考えられる。まず，マーケットのフィードバック機能に着目し，そのオープンな性格

がソーシャル・イノベーションに相応しいことがあげられる。マーケットは開放的性格を持っており，それ自体，社会的学習機能を有している。市場は，レスポンスの高いフィードバック機能をもち，そしてオープンである。もちろん現実の市場は産業組織論が示す通り，寡占市場であって原則論とは程遠い状態にあるにしても，硬直した制度によるものとは原理的に異なると考えてよい。また，市場は，他の政治的システムや非営利組織のシステムに比較すれば，その独立性が高いともいえる。

　従来非市場的な社会問題の解決が，いろいろとはかられてきた。いわゆる「市場の失敗」に対して，市場の外側で非営利組織による対応が行われてきた。しかし，多くのNPO活動にみられるように，ペイしないということから長続きしない，もしくは公的助成がなければ活動できないという状況に追い込まれているところがほとんどである。大学や病院でも同じことであるが，長期にわたって赤字が続くようでは活動を維持することはできない。ここにマーケット機能を用いた社会問題の解決が求められる背景がある。

　まず，市場自体が社会問題の解決にあたって限界を持っているといえる。企業行動は，あくまでも利潤最大化行動である。利益管理が他の諸々の経営管理を制約し，中央・地方の政府および非営利組織が行ってきたマーケットを経由しない社会問題の解決手法には決定的な限界があるといえよう。マーケット・システムそのものの限界や社会問題の解決を目指してきた社会運動に内在する限界についても，考えなければならない。

　民主主義の方法から政府の限界が生じざるを得ない。投票行動には大量の死票が避けられず，多くのニーズが切り捨てられる。これは大量生産による単位当たりコストの低下をはからざるを得ない企業と同様であるが，マスと捉えられる層のニーズにのみ対応するかたちとなっている。単一のニーズに絞らざるを得ないので，個々の多様なニーズには対処できないのである。より根本的な政府の限界は財源の不足からきている。サッチャリズムは福祉国家の破綻への1つの対応であったが，現在にいたるも抜本的な解決が図られたわけではない。日本だけではないが，グローバリゼーションと少子高齢化の軛のもとでは政府による給付は低下せざるを得ない。

サッチャリズムに限らず，政府支出に頼れなくなった社会的活動は NPO 等の非営利組織に委ねることが期待されてきた。限られた予算では，もはや政府が社会的活動を直接行うことはできないからである。では，旧来の NPO 等によりこの活動の代替は進んだといえるのであろうか。政府の代替にとどまる限り，この代替は縮小均衡に終わる可能性が高い。そもそも資金面で脆弱であり，政府の助成等外部資金に依存する体質である。どうしても資金提供者である政府その他の金主にあらゆる側面で従属的となる。自律的な意思決定には，程遠い状態である。予算が厳しく制約されるため専門性を有する人材を求めることも困難である。欧米によく見られる形態であるが，営利組織の付置機関のような位置付けもめずらしくない。このように自律性・自立性が不十分なため，政府もしくは企業といった外部組織に付随したものにとどまっている。このような立場では社会問題の解決のために主導権を握ることはあり得ず，他の諸組織の従属変数にすぎないとすれば，その活動は大きく制約されているといえよう。

社会問題の解決は，多様な社会運動によっても担われてきた。いわゆる社会主義に基づくそれは大きく退潮したが，活発な市民運動の叢生により新たな展開がみられる。

2. インナーシティ問題

特に欧米においてソーシャル・イノベーションの対象となるのが，インナーシティである[4]。インナーシティは大都市の中心部もしくはその付近にあり，ゾーニングがなされておらず住居や工場などが雑然と立地しているところである。ドイツにあるゲットーなどは，その典型といえよう。都心もしくはそれに近接していながらあたかも発展途上地域のような景観を呈している。あくまで都市内に立地しているが，治安が悪く経済的な相互性に乏しいので，都市の他の地域との行き来は途絶するような状況がみられる。このような途絶が日常的となった貧困層が集住する地域は，都心に近接した低所得地域として行政の施策対象となる。いわば都市の中の都市が，入れ子状に組み込まれた形になっている。このような都心に近接した貧困地域が都市内に形成されるインナーシティは，

特定の国もしくは地域に特有のものというわけではない。世界のいたるところでその存在が確認できる。その形態は一様ではなく，地域によって相当なバリエーションがある。国や地方自治体などの政策のあり方，特にその社会政策によって大きく変動する。成立の経緯や経済・社会的な要因によって規定されるところも大きい。都市の歴史・産業構造・不景気などによって発生する。都心近接地域のなかで十分に開発されていないところがインナーシティとなることが多いが，これとて絶対条件ではない。都心の十分に開発もしくは再開発された中枢管理地区であっても，経済状況により大企業本社の撤退等によりインナーシティとなることもある。

　なぜ，インナーシティが生ずるのだろうか。まず，都市内で特定の機能を担ってきた地域がその機能を喪失して失業が増大し貧困地域化することが考えられる。自動車産業の凋落により，デトロイトで生じている状況が典型といえよう。貧困化・低所得化に伴い，治安が悪化して周辺地域との相互交流が絶たれてインナーシティとなっていく。この地域の機能低下は，いたるところで確認される。都市全体での事例としては，炭鉱で繁栄を極めた夕張やメッツやナンシーといったベルギー南部の製鉄業都市の斜陽など枚挙の暇もない。それが都市内において部分的に生じ，特定地域が，時代の趨勢に乗り遅れ，相対的に後進性を持つようになるのである。相互に関連していることが多いが，もう1つは劣悪な居住環境に起因するものである。居住環境が劣悪であれば，当然に家賃は低くなる。横浜市内にも都市ガスが配管されておらず，プロパンガスに依存している地域が散見される。大都市であっても，インフラ整備が遅れているようなところは不動産価格も低い。このような低家賃地域に，所得の低い人々が流入することになる。新たな住民たちは既存のコミュニティとは無縁の人々であり，相互の交流が希薄化するばかりか，場合によってはゴミ処理の問題等により，旧住民と新住民とが抜き差しならない対立にまで陥ることとなる。さらにコミュニティの崩壊が進むと，治安までもが相当程度悪化していく。地縁が失われ，コミュニティとしては無機能状態にある。

　近世においてもヨーロッパでは飢餓が繰り返され，近代には産業革命によって膨大な貧困層が形成された。このような住民層からなる地域で，インナーシ

ティとなってしまうことは生じなかったのであろうか。たしかに，ゲットーのようなところは常にあった。スラムの形成も常態といってよい。しかし，インナーシティが大きな社会問題として，あらゆる国・地域で施策の対象となることはなかった。もとより社会問題に対する認識の深化は進んでおり，この結果従来にも増してインナーシティが社会問題として浮上するという状況はある。しかしより根本的には，住民相互の紐帯を断ち切る最大の要因と目される格差が顕在化してこなかったことがあげられよう。同じような低所得層からなる地域では生活の基層をなす経済面での同等性からコミュニティの安定性がもたらされたといえる。当時の教区に現れるような宗教面での結び付きも確認できよう。このように，格差それも経済格差が看過できる程度であればインナーシティ問題を惹起するような社会的紐帯の破断はもたらされにくいといえよう。現状との決定的相違は，そこにある。産業革命以降の経済成長によって台頭する市民と相対的に没落する市民との格差が顕著となり，いわば社会問題の巣窟であるインナーシティが形成されるに至る。地域全体が，ソーシャル・イノベーションの対象と化すのである。

　欧米では，工場立地により周辺環境が悪化し，住民構成が変化していく事例が顕著である。近年は中国においても工場廃棄物により環境破壊が進行し，地域社会の変成が負の方向で進むことも多い。この変成が，インナーシティの形成につながることになる。また，居住構成の変化がインナーシティの形成をもたらすこともある。欧米では，移民が都市内にコロニーを造ることが問題となっている。ドイツのガスト・アルバイター問題の中心的なものである。しかし，このコロニー自体がインナーシティ化するわけではない。コロニーの問題は民族的な異質性の問題であって，そこにコミュニティとしての機能が失われているわけではないからである。問題は熟練度の低い移民が低所得層を形成し，家賃等生活コストが低いことを理由に一定地域に居住する場合である。相互の紐帯・交流なく多様な人々が一定地域に集まると，そこには」スラムあるいはインナーシティが形成される可能性が高まる。

　都市の近郊つまり郊外に立地した工場には，隣接の居住用集合住宅が設けられた。大ロンドン計画でもレッチワースやウエリンガーデンシティは，職・住

近接の都市計画となっている。好況期には，工場施設およびそれに付随する住宅も拡大し，隣接する市街地域一体化するようになる。工場とそれを取り巻く居住地域が，市域に組み込まれていくことになる。好況期にあっては何等の問題も生じない。高いとはいえないかもしれないが，それなりの賃金が支払われ，地域経済はまわっていくからである。もちろん，そうした時期は長くは続かない。景気循環がある以上，不況期にはいることは避けられない。さらに深刻なのはその産業自体がライフサイクルの終盤を迎えることである。1つの事業は30年で衰退するともいう。いずれは構造不況業種となり，競争力を失って事業として立ち行かなくなる。そうなれば，その工場に勤めていた労働者は失業してしまう。居住地域はたちまち失業者で埋め尽くされる。全く所得がないもしくは低所得である人々ばかりになってしまう。都市域内の高コストを嫌って，工場が他の地域に移転していくこともあり得る。移転の際には当然能力を基準とした選抜が行われるため，残留組は能力に問題があり，したがって低所得であるという層となってしまうことが多い。市場原理の貫徹が新たな社会問題を惹起することになるのである。欧米では繰り返されてきたこのような状況が生じると，経済的な困難から犯罪が頻繁におこることとなる。成因からみてやや異なる状況ではあるが，南アフリカでは生業が強盗だという人々が人口のかなりの部分を占めるに至っている。先進国であっても地域的には，南アフリカ同様の事態が出来する。大きな範囲でインナーシティが形成されることがあり得るのである。フィラデルフィアは，その典型といえるだろう。欧米の場合，非熟練労働者がその低賃金のゆえに移民によって占められることが多くなっている。移民は一様ではなく，出身地等によりまとまっている。その移民のなかでも熟練工化したものや，相対的に能力の高いものはより高賃金・高待遇を求めて移動していくので，インナーシティ化が促進されることになる。

　移民は欧米諸国ではかなり一般的である。経済的に高い水準にある欧米には，旧植民地をはじめとして世界各地から移民が流入する。移民は，技術を持たず非熟練の労働者であることが多い。アジア系，南欧系，ユダヤ系移民は，農業労働者もしくは都市部の低賃金労働に従事した。もちろん低賃金・低所得であるので，低家賃の地域に集まることになる。これらの人々は移民間のつながり

を持っており，たとえスラムに近い状態にあってもインナーシティ化することは回避できた。同胞として相互に助け合ってきたのである。互助的な仕組みを構築したり組織的なサービス業への就業を果たすことによって，たとえ経済水準は低くともそこで社会問題が顕在化することは少なかったのである。しかし，このような紐帯が無い場合には，社会問題の発生へとつながる。黒人移住者に典型的であるが，横のつながりに乏しい。いわゆる社会関係資本が見られない場合，経済的困窮が容易に犯罪等に結び付いてしまう。このような状況下においては，地域全体がインナーシティへと移行することが多い。このような状況に陥ると，スラム化が進行し，次世代の教育や福祉も充足されず，世代間で低賃金・低所得が伝承されてしまう危険性がある。低家賃地域は，もとからそうであるケースばかりではない。本来高級住宅地だったとしても，住民の入れ替わりによって低家賃地域となってしまうこともある。

　もともと防衛のために，城壁都市が建設されることがよくみられる。権力が拡大・集中すると従来の城壁の外側に新たに城壁が建設される。ここにインナーシティの起源があるといってよい。つまり，新たに構築された城壁の外側に，経済上の理由から移民が集住するようになる。もちろん，彼らは低所得であることが通常である。社会的な流動性が高いところでは，他民族が城壁外に街区を形成することがよくみられた。この城壁外の街区はアウターシティであるが，この街区の外側に城壁がつかられた場合には，アウターシティがインナーシティ化することになる。

　西欧では，このようなアウターシティのインナーシティ化が繰り返された。都市が大規模化するにつれ，インナーシティもまた拡大することとなったのである。このように城壁内に低所得地域が包含され，インナーシティ特有の問題が都市問題の大きな部分を占めるに至るのである。もちろんこの中には，現在に至るも存続しているところもある。しかし，その後の都市計画の実施等により解消されたインナーシティも多い。

　日本においては，従来インナーシティ化が問題となることは少なかった。欧米との国情の違いが大きく反映している。戦後の経済成長期に，三大都市圏に主として若年労働力の大量流入があった。いわゆる集団就職である。農民層の

解体の一環であるが，これが比較的スムーズに進行することで都市部の労働力不足が解消された。この低所得層は，欧米の様には困窮しなかった。不況および経済成長の終焉で欧米同様の危機は迫っていたが，当時は日本的経営が機能し，雇用の調整も順調に進んだためである。したがって，これら低所得層居住地域がインナーシティ化することもなかった。高度経済成長期に自動車産業を中心に深刻化しつつあった労働力不足解消のために，移民労働力を導入する選択肢も検討された。しかし，結果としてこれは選択されなかったので，ドイツにおけるガスト・アルバイター問題のようなものは生じなかったのである。したがって，移民労働力の居住によるインナーシティ化はみられなかった。

　もちろん，日本にインナーシティがないわけではない。特に近年は所得格差が大きくなるにつれ，インナーシティ化が問題となっているところも多い。日本におけるインナーシティと目されるのは，俗にドヤ街といわれる日雇い労働の寄せ場周辺であろう。東京や大阪をはじめとして大都市に形成されている。好況時は就労可能であるが，いったん不況となれば職にあぶれてしまう。90年代以降は企業から日本的経営を守る力が失われ，終身雇用制も実体を消失している事例も多い。リストラにより労働者が失業し，地域がインナーシティ化するケースも散見されるようになった。新たな郊外型ショッピングセンターの展開に伴い都市中心部から商業機能が失われたり，もともと中心部に立地していたデパートや商業施設が撤退してしまうと，空き家となった施設が悪用されるようなことになり治安の悪化に結び付く。このようなことがインナーシティ化の原因となることも多い。このため，特に地方都市において空き店舗・空きビル対策が重視されている。地元の商工会や自治体主導で空き店舗・空きビルの借り手を手当しようというものである。家賃を減免し，あるいは助成を付けるところもあるが，背景には地域経済そのものの沈下があり，成功することは難しい。商業施設としての機能回復が困難な場合には，マンションに立て替える事例も少なくない。

　地域との結び付きが無い移住者が低所得であると，これが集住した場合にはインナーシティ化するおそれがある。このような事態を避けるために，団地等の公営住宅・施設を建てる場合には，世帯所得に幅が出るような施策が試行さ

れている。団地については同一規格ではあるが，所得に応じた家賃設定を行うことによって，入居者層に広がりを持たせるようにされている。民間の集合住宅では，ある程度の幅があるとはいえ，その幅はけっして広いものではなく，似たような所得の層で構成されていることが多い。特にワンルームのような狭小な区分を持って構成されている物件では，生活保護受給者の構成比が高い等の顕著な特徴がみられる。所得の高低にかかわらず，集合住宅の根本的問題点は，住民間のつながりの乏しさである。特に所得が低い場合には，治安の悪化を招来することが多い。自治会や管理組合活動は，この面でも意味が大きい。しかし，民間の集合住宅では住民の経年変化が著しい。これに伴う活動の停滞も一般的である。年を追うごとに不動産価値が低下し，より低所得の住民へと入居者層が変質していく。やがては，スラム化する可能性もある。しかし，これに対する有効な手立てに乏しいこともまた現実である。

　江戸や京都のような都市が，大都市となっていくのは近世以降のことである。農民層の分解が徐々に生じ，農民出身者が都市に集住するようになる。人口のうえで大きな比率を占めるようになると，低所得者で構成される欧米型大都市に近いものとなっていった。このような低賃金・低所得層は，いわゆる下町にまとまっていた。しかし，そこに格差はほとんどなく，住民相互の交流が失われることもなかったため，下町がインナーシティ化することはなかった。江戸時代までは海外との交流も限られており，ザビエルがもたらしたような疾患の類も少なく，外来伝染病が蔓延することもほとんどなかった。糞便にあふれた欧米の大都市とは異なり，日本ではこれを農業用肥料として利用していた。また上水道も早期に敷設されている。このような環境面での充足があったため，サバービアが登場することもなく，都市内から資本が引き上げられることもなかった。たしかに住民の多くは低所得層であったが，居住空間としては問題があるわけではなかったのである。

サバービアの登場

　農民層の分解が進み，2・3次産業が勃興すると，都市への人口集中が進むようになる。そのほとんどが低賃金・低所得層であり，その都市での住居は極

めて狭小なものであった。インフラも未整備なため不衛生で，急速度の工業化による公害もあり，都市部の居住環境は一般に劣悪であった。ロンドンやパリのような大都市でも，住民の大半が低賃金・低所得層からなっていたのである。集合住宅の極めて狭小な一画に複数の家族が生活することも稀ではなかった。ハイヒールが舗装もされていない道路上の糞便を避けるために考案されたくらいの劣悪な環境ということもあり，多くの人が病んでいた。コレラなども蔓延していたのである。このような環境から逃れるために富裕層は，都市の郊外に居住するようになった。いわゆるサバービアの登場である。郊外もしくは山の手といわれる市街から離れた地域が，居住のために選ばれるようになった。

　大西洋を挟んだ米国でも，経済成長が進んだ結果，低賃金・低所得から抜け出す層が拡大した。それまで市街地に居住していた人々がヨーロッパの富裕層のように，生活環境が悪化していた都市内から，自然を含め環境良好な郊外の住宅に移転するという事態が大規模に引き起こされた。当時のモータリゼーションの影響は大きい。米国は公共交通機関の乏しさからトランスポーテーション・プアの問題が指摘されるが，サバービアはマイカーの普及を享受できるだけの資力を有していたのである。英国や日本では，近郊鉄道網の発達が居住地の郊外化を促進した。大ロンドン計画の中の交通インフラの整備による田園都市の配置は，日本において阪急，東急の沿線郊外住宅地開発に生かされている。都市近郊の安価な土地が，住宅地開発で巨額の利潤を産みだした。

　経済力を持った層が近郊へ流出してしまうことにより，都市内部の投資は相対的に減少してしまう。いわば資本投下のドーナツ化現象が生じ，経済的な厚みが偏在することとなってしまう。郊外に大型の商業施設や公共施設が建設されるようになり，都市内部からそれらが流出するようなかたちとなるのである。都市内部に投資されてきたことは，産業立地の基本に沿っていた。すなわち，輸送費によって決定されていたのである。ところがこの原則が，道路高速や近郊鉄道の開通によって修正もしくは近郊地域にも適用されることになったのである。新たな輸送手段の確立は，郊外に居住していても都市内部に居住していることに近い利便性をもたらした。この結果，都市内部の低賃金・低所得者居住地区に対する政治的配慮，すなわち投資が公私ともに減少することにつなが

った。都市内部の再投資・再開発の減少は，都心内部の不動産価格・家賃をいっそう下落させることになる。これらの要因が複合的に作用し，インナーシティの形成がもたらされる。

　都市内部の空洞化と大規模な郊外化は，あらゆるところで確認できるが，特に米国ではこれが大規模に生じている。ニューヨークのハーレムに象徴されるインナーシティが，米国大都市のほぼ全てにおいて認められる。これは米国史の特殊性に負うところも大きい。移民による国家建設が行われた結果，人種間・民族間の格差が大きく反映したと考えられるからである。もちろん，同様の問題は，移民労働力が増大した西欧においても生じている。

　江戸や京都のような都市が，大都市となっていくのは近世以降のことである。農民層の分解が徐々に生じ，農民出身者が都市に集住するようになる。人口のうえで大きな比率を占めるようになると，低所得者で構成される欧米型大都市に近いものとなっていった。このような低賃金・低所得層はいわゆる下町にまとまっていた。しかし，そこに格差はほとんどなく，住民相互の交流が失われることもなかったため，下町がインナーシティ化することはなかった。江戸時代までは海外との交流も限られており，ザビエルがもたらしたような疾患の類も少なく，外来伝染病が蔓延することもほとんどなかった。糞便にあふれた欧米の大都市とは異なり，日本ではこれを農業用肥料として利用していた。また上水道も早期に敷設されている。このような環境面での充足があったため，サバービアが登場することもなく，都市内から資本が引き上げられることもなかった。たしかに住民の多くは低所得層であったが，居住空間としては問題があるわけではなかったのである。

　インナーシティには，社会問題の集積がみられる。米国・英国に限らずこれを対象としたソーシャル・ビジネスの展開は，喫緊の課題である。しかし，現状はデトロイトにみられるように困難を極めている。インナーシティ問題についての多角的検討とともに，それへのソーシャル・ビジネスの適用が，試行されなければならないであろう。

3. ソーシャル・イノベーション・ガバナンス

　ソーシャル・イノベーション・マネジメントについては，重点の置き方によって異なるとらえ方が示されている。組織に焦点があてられているもの，プロセスを重視するものなど重みの置き方は異なっている。以下で，それぞれについて考える。

　ソーシャル・イノベーションは，既存の社会関係を組み直すことがポイントの１つとなる。ある枠組みの中での新たな人間関係の構築により，ソーシャル・イノベーションを果たしていこうとする。社会関係の転換により，充足されていない社会的ニーズを満たそうとするという考え方である。社会関係の転換という言い方は抽象的であるが，特に難しいことというわけではない。社会的ニーズを満たすようなモノやサービスが提供し，これをコントロールするようなパブリック・ガバナンスを構築することを意味している。

　パブリック・ガバナンスの対象とする範囲は広い。そこには，様々なガバナンス・システムの再構築が含まれる。本来は政治的な意思決定システムを対象とするが，そこにとどまるものではない。行政機関およびその係属組織はもとより，企業，NPO等における新たなガバナンス構造の追求が意図される。そして，それらの組織間のインターフェイスが検討対象となる。全体をシステムと見立て，各組織をそのモジュールとした場合にモジュール間のインターフェイスが問題となることは当然であろう。組織は，ニーズを持つ個人の代理として動く。この代理機能が有効となるためには，制度との整合性が採られる必要がある。組織と制度間の調整も重要な検討課題である。

　地域の状況は厳しい。財政力指数でみる限り，東京，名古屋，大阪のような大都市圏以外はだいたい赤字になっている。地域での雇用は減少し，労働市場は縮小している。雇用の中身も変質しており，派遣社員，パート・アルバイト等の構成比増加に見られるように低所得者層が拡大している。

　このような厳しい状況を前提として，ソーシャル・イノベーションを遂行するためには，何といってもまず地域の個人および集団間の社会関係自体をイノベーションに関与させることになる。モノとサービスの生産・流通を円滑に行

うための制度形成が焦点となる。組織はもとより、法や規則、さらには習慣等までもがここでいう制度にあたる。市民の社会的ニーズを充足するためのパブリック・ガバナンスを打ち立てることと言い換えてもよい。

　ソーシャル・イノベーションが、パブリック・ガバナンスを機能化することによって遂行するためには、次のようなカテゴリーが想定される。

　まず、人的側面でのニーズ充足を行うカテゴリーである。サッチャリズム以降の状況、すなわちポスト福祉国家の状況下で雇用の保障が改めて問題化している。経済学の示すところでは、失業は不可避である。資本主義市場経済を前提とする限り、一定程度の失業者がかならず存在する。これからは、社会主義国家とて免れてはいない。都市論でいわれているような雇用の二極化も、実体化しつつあるようにみえる。弱い部分に対する社会的排除は深刻である。それでは、いかなる方法によって現状打開が可能となるのであろうか。政府と市場の関係にメスを入れ、思い切った改革を行う必要があろう。企業による雇用の枠内にとどまれなかった女性労働者を、準公務員として全て採用したスウェーデンのやり方は、1つのモデルとなり得るかもしれない。しかしこれは例外的事象であり、政府―市場関係を再構築することは容易ではない。これは、資本主義市場経済を修正するような巨大な影響をもたらすものだからである。このように、ソーシャル・イノベーションの企図するところは、壮大なものを含んでいる。もちろん、その成否は定かではない。

　政府―市場関係の改革を企図することは、当然に政府そのものについての再検討を想定することになる。つまり政府の介在の程度について考え直すということになる。西欧の通常の発想では、市民社会の成熟を背景とした協同組織による代替が有力視されよう。新たなガバナンスの構想が、提示される。西欧型の市民社会のかたちをとっていない日本などでは、おそらくかなり異なる形態とならざるを得ないであろう。いずれにせよ、対市場関係の新たな構築が必要となる。市場への参加が、新たなガバナンスの下に再構築される方法が模索されることになる。

　新たな結集軸は市民となるが、ここにガバナンスの実をもたらす方法は自明ではない。対抗力としての市民が力をつけなければ、新たな局面を開くことは

難しい。ソーシャル・イノベーションは，個人もしくは組織によって遂行される。組織であっても特定のリーダーに大きく左右されるということでは，個人の活動と質的に大きく相違するものではない。リーダーは有識者であることが一般的で，知識人，実業家，政治家，官僚，非営利組織の運営管理者等が考えられる。個人が個々に活動する場合もあれば，集団ないしは組織内のポジションで活動する場合もある。基本的には従来の因襲を変革し，ソーシャル・イノベーションを推進する過程でソーシャル・イノベーション自体が強化されるスパイラルが生じることが期待される。

4. マーケットへの導入

　社会的課題は，必ずしも顕在化しているわけではない。それはむしろ見出されることが多い。見出された社会的課題は，多様な方法でプロモーションされよう。事業のサスティナビリティを考える以上，マーケットの定着・拡大は大前提である。一般にモノであれサービスであれ製品が市場導入される際には，その即時的失敗も考慮しなければならない。もっとも，社会的課題に関しては国や地方自治体等の「固定客」があることが多く，一定の需要は予め確保されることも多い。

　市場導入に成功した場合，プロダクト・ライフサイクルでいう成長期にはいる。ソーシャル・イノベーションとしてのプロダクトをプロモーションし，市場の拡大をはかる段階である。プロダクトを支持する顧客には，既に述べたように国や地方自治体が多い。しかし，この官公需要のみでペイラインを超えることはほとんどない。もしそうであれば，それまでに事業化がはかられているはずである。ソーシャル・プロダクトが市場に出るということは，商業ベースの既存プロダクトと競合するということである。したがって，通常の事業が差別的優位性を追求することと基本的な相違はない。厳しい市場競争に直面する，ということになる。したがって，差別的優位性の確保がまず問題となる。従来のプロダクトに比べ，何らかの点で相対的な優位性を作らなければならない。この優位性については，市場環境の中で明らかにできることが望ましい。

特にソーシャル・プロダクトには求められることは，従来からあるモノやサービスと互換性もしくは補完性があることであろう。ソーシャル・プロダクトの開発には相当の投資が必要となるが，これを回収していくためには販売を拡大することになる。ここでも通常の商品同様の企業努力が要求される。浸透価格（ペネトレーション・プライス）を採用することにより，市場浸透をはかっていくことが考えられる。

　資金調達は事業一般において悩ましい問題であるが，もともと市場性に乏しいソーシャル・プロダクトの場合はなおさらである。この厳しい資金調達について一定の回答を与えている事例と考えられるのが，SRI（社会的責任投資）であろう。もともとは，宗教団体が自派の価値観に適う企業に対して投資することを意味していた。この流れは変わらないが，その後，ソーシャル・プロダクトを供給する事業への投資が一般化するようになった。日本ではまだ限定された規模であるが，米国ではかなりの投資規模となっている。このSRIが米国においてソーシャル・イノベーションに果たしている役割は，かなり大きいといえる。協同組合等の既存組織を利用することによって，事業拡大をはかることも考えられる。

　ソーシャル・イノベーションの遂行過程での投資家行動は，どのようなものになるだろうか。高いリターンをねらうという通常の投資行動とは，異なることが想定される。いわゆる社会的責任投資が，これにかなりの部分あてはまると思われる。既に英国や米国においては，多様なかたちで類似の投資が行われている。倫理的投資，グリーン投資，サスティナブル投資などはほぼ同じようにとらえても間違いではないだろう。

　一般的な投資家のイメージは，ウォーレン・バフェット氏に象徴されるように高齢で，保守的な社会的成功者といったところだろうか。欧米での研究によると，社会的責任投資家のそれはかなり違っているようだ。論者により若干の相違はあるものの，一般投資家に比べ，若くかつ高学歴であることが指摘されている。

　それではそのような社会的責任投資家は，どのようにその意思決定を行っているのだろうか。その投資の要因ないし動機は，どのようなものだろうか。実

際に投資行動に至るには，それをもたらす要因ないし動機は決定的に重要であるといってよい。一般的な投資の場合は，良好なリターンを求めることになろう。社会的責任投資の対象となるソーシャル・ビジネスとなると，この範囲に入るものはまずない。高いリターン以外のところに，投資誘因が求められている。

　SRI（社会的責任投資）とは，市場を通じて，株主が特定の社会的目的を達成するために投資対象を絞り込むことを意味している。米国でのSRIはそもそも実施主体が宗教関係団体であり，その宗教の教義に適う企業に投資してきたという経緯がある。いわば「社会貢献」が，SRIを考えるうえでは基本となろう。ソーシャル・イノベーションを対象とする投資についても全く同じかどうかは議論のあるところだが，SRIに近い動機が予測される。倫理的もしくは環境への配慮といったことが，大きな要因として想定される。実際，欧米においてもこの傾向は確認されてきている。

　社会的責任投資家についても一般の投資家同様に，個人投資家と機関投資家に分けられる。このどちらの主体も当面のリターンではなく，社会変革を志向している。つまり投資することによって，ソーシャル・イノベーションの可能性を追求できるところが動機となっているのである。社会制度ないし組織の変革そのものを，真のリターンとしてとらえていることになる。投資行動も特別なものというわけではなく，ある種の消費行動として考えれば，投資という消費によるソーシャル・プロダクトの選択なのかもしれない。

　もともと市場性に乏しい対象をプロダクト化する以上，通常の商業ベースのプロダクトに比べリスクが大きいことは否めない。規模の経済を実現することも，難しいものが多いと考えられる。リスクやコストを必ずしも意識しない意思決定の例としては，ドイツの環境保護に向ける熱意が参考になるかもしれない。リサイクルすることは，新品の供給よりコストがかかる。それにもかかわらず，環境保全とリサイクルに意味を見出すことによって，経済的には不利なものをあえて選んでいるのだ。ソーシャル・プロダクトについては，大きく利益が出るようなことはまずあり得ない。もちろん市場化によって，経済学でいう最適資源配分への途を開くものとなろう。しかし，そこで想定されている商

品として流通可能なソーシャル・プロダクトは，限定されざるを得ないと考えられる。市場での流通を前提としつつも，規制や市場外での組織的需要等の補完が必要になるものと考えるのが自然であろう。新自由主義者の唱えるような市場万能論は，ソーシャル・イノベーションにおいて目標とすべきところではない。もともと現実の市場は，経済学の想定からはかけ離れた状態になっている。本来の市場競争への志向は，望ましいが現実的ではない。与えられた状況の中で採り得る手段を活用することによって，はじめて成功の確率を押し上げることができよう。

5. ソーシャル・イノベーションによる変動

　制度的変動，つまり社会規範や規制，制度等の変動もしくは調整させるところにソーシャル・イノベーションの意味がある。そうすると，それらの前提となる個々人のメンタルなフレームワークの変動が問題として浮上してこよう。価値観や行動規範などに基づいて行動が生じる。このいわば精神の基層を変容させなければ，人々の行動は変わらないはずである。そこで，この精神基層を破壊もしくは変容させて，ソーシャル・イノベーションを可能にする状況を個人の中に醸成することが求められる。

　構造変動は，主に2つの要因によって規定される。1つは技術的要因であり，もう1つは制度的要因である。しかしこの二要因は並立しているわけではない。どのようなイノベーションが生じようとも，これを生かすような制度変動が伴わなければ衰微してしまう。技術決定論というわけではない。技術革新によって社会のヒエラルキーの変動にまでつながるというわけではないからだ。しかし，技術的な変動はこれを社会に組み込む制度的な裏付けが必要である。技術的変動に伴う制度的な対応があってはじめて，ソーシャル・イノベーションが遂行されることになる。

　繰り返しになるが，ソーシャル・イノベーションにおいても通常のイノベーションと基本的には異なるところはない。プロダクトもしくは社会基盤での革新が生じることが前提である。この革新を前提として，新たなソーシャル・プ

ロダクトの開発が行われる。それがモノであれサービスであれ，活用できる制度的要因を満たさなければならない。このため，ソーシャル・プロダクトを受容できる組織構造の設定が必須となる。ここから後は，市場の立ち上がりの状況によって左右される。国や地方自治体の関与が，有効な局面が現れる場合もある。

6. ソーシャル・ラーニング

ソーシャル・イノベーションを支えるものの1つとして，ソーシャル・ラーニングがあげられる。マルチステークホルダーの存在およびその相互作用を検討し，その学習のプロセスを明確化する。特に，そこに参加する個人に焦点をあてたい。そこで生じる価値の創造と個の成長というダイナミクスについて論じる。

ソーシャル・ラーニングとは，多様な利害関係者との相互関係に基づく相互学習を意味している。この相互学習が，ソーシャル・イノベーションを推進する上で大きな意味をもつと考えるものである。個人および個人をめぐる環境の相互作用が進行し，その過程でソーシャル・ラーニングが生じる。

ソーシャル・ラーニングは，営利組織において研究されてきた。営利組織とその環境の相互作用からイノベーションが進むというものである。特に，環境からの知識導入を主とするソーシャル・ラーニングが検討されてきた。サスティナビリティを獲得するためにも，利用されてきたのである。もちろんそればかりではなく，営利組織が社会問題に関わる端緒という位置付けもある。

ソーシャル・ラーニングは，他の交換関係と同様に，価値の交換を前提としている。通常の営利組織であれば，配分についてコンフリクトが生ずる可能性があるが，より高い利益を追求することにおいては，ステークホルダー間で共通の価値観を持ち得よう。しかし，ソーシャル・プロダクトを供給するようなソーシャル・ビジネスではステークホルダーが多様となり，利益だけが対象となるわけではない。社会問題解決への貢献等，複雑な要素が対象となる。まさにそのようなことに価値観を置くことが，ソーシャル・イノベーションを促す

要因となろう。

　社会システムないし経済システムが異なる場合にも，似たようなソーシャル・イノベーションが生じる。それはもちろん自然にそうなるわけではない。日本と米国のように構成原理が異なる社会であっても，ソーシャル・ラーニングの実施によって類似のソーシャル・イノベーションを起こすことができる。ソーシャル・ラーニングは，2つの要素からなる。1つは，組織や制度がゆっくりと変成・強化される漸進的要素である。これにより，ソーシャル・プロダクトの市場流通を円滑にするような組織もしくは制度改訂を行うことになる。もう1つは，ラディカルな変動を意味する抜本的変革要素である。たとえば，ベルリン大学の近代化にあたってフィヒテが果たした役割が相当しよう。

　社会を構成する多様な側面は，通常ゆっくりと変動していく。革命等の大きな変動が生じない限り，政治，経済，組織，技術，規範，制度等が極端に変化することはまずない。この変動の繰り返しが，営々と続けられている。社会が安定しているとしたら，変動が一定の均衡状態をもたらしたことになる。そこでは物事を判断するフレームワークは共有されており，価値判断は整合されている。したがって，行動規範等も一定の範囲内のものとなる。認識基盤が共通であれば，安定化が達成されむしろ強化されるようになる。個人の精神的内面がそのようなものであるとすれば，その集合によって構築される政治，経済，組織，技術，規範，制度等についても安定的な推移が期待できよう。しかし，この状態が長期にわたって続くことにはならない。社会の安定は固定化をも意味し，さらにその外側が大きく変化した場合に危機が生じることとなる。グローバリゼーションやチェルノブイリ，フクシマ等があてはまるであろう。巨大な変化に対しては微調整で対応できないため，調整自体が大きな問題となる。安定状態はむしろ改革にとって障壁となるかもしれない。

　社会システムないし経済システムに上で述べたような負荷がかかる場合には，抜本的な変革が必要になるかもしれない。固定化された認識基盤は，変化に対して柔軟な対応を為し得ないからである。

　社会的学習理論によれば，モデリングすなわち他者の行動の観察による学習が有効であるとされる。ソーシャル・ラーニングは，心理学の諸領域で論じら

れている。したがって，そこでは多様な意味付けがなされている。行動主義心理学でのソーシャル・ラーニングには，社会的環境における学習と社会的行動の学習という二様の意味が含まれている。たとえば，A. バンデューラが社会的学習という場合には，他者の行動や態度を観察する社会的環境（場面）での学習という意味が含意されている。

　学習が社会的共同参加という形をとるとき，どのような社会的関わり合いが，学習に影響するだろうか。社会的活動に参加すること，ソーシャル・ビジネスに参加する等，を通して学習されるスキルやノウハウの習得状況が問題となる。この習得状況が大きな意味を持ち得るのである。社会的参画により，世界とその意味，そこで行為する主体等に関係論的相互依存性を確認することになるのである。状況のなかでの学習は，多様な事実についての知識や情報の認識から始まる。人と社会についての認識から，学習が社会参加の過程であること，そして参加の過程を通して，社会関与を深めながら主体自体の変容へと及ぶ。ソーシャル・ビジネスを遂行する過程でのソーシャル・イノベーションは，質的な相違はあるが参画する個人の内面においても進行する可能性がある。

　そもそも人は，全体性をそのうちに有しており，世界が相互構成的だという認識に立脚している。関係論的相互依存性を前提とすれば，世界は社会的に構成されているとみることになる。活動そのものについては，客観性とシステムを確認できる。もう一方では，活動について主体が持つ主観的把握もしくは認識があろう。そうだとすれば，このような状況的学習は，大学・大学院を含む既存の教育制度の代替物ではなく，既存教育制度と相互的な関係に立つこととなろう。状況的学習論 においては，知識は状況に伏在しているものとされる。そうだとすれば，学習が意味するのは，状況との相互作用であろう。ソーシャル・ビジネス，そしてソーシャル・イノベーションに必要な知識は，抽象思考の中に胚胎するものではなく（もちろん胚胎する場合もあろうが，状況的学習では），状況に伏在していると考えるのである。高度情報化社会の下で，伝統的な学習は変容を余儀なくされる。状況の中で学習する，たとえばインナーシティにおいて現況を把握することが相当しよう。また，活動しながら学習することについては，当該地域でソーシャル・ビジネスを起こすにあたり，どのよ

うなソーシャル・イノベーションが必要なのかを検討することとなろう。さらに仲間の中で学習することは，ソーシャル・ビジネスを組織していくプロセスにおいて協働を実現するところに求められるかもしれない。

　資本主義市場経済の高度化によって，相互の紐帯は切断されてきている。労働力の分散配置の要求は，核家族からさらに単身化へとエスカレートされている。社会構成員の多様な関係性はかなりの部分が失われ，社会関係資本の再構築は社会問題の最たるものの1つといえよう。オフィス・オートメーションに象徴されるように，社会の有機的性格は，解体を余儀なくされているといってよい。

　このような状況を乗り越えるための方途の1つとして，状況的学習論が措定される[5]。ソーシャル・ビジネスに限定されたものではなく，慢性的な不況に陥ったともいえる90年代以後において，通常のビジネスにおいても重視されてきた。より一般的には「経験学習モデル」が用いられている。経験学習は，実践，経験，省察，概念化の4段階からなっている。実践は，多様な状況に遭遇するということになる。社会問題を認識し，これをどのようにソーシャル・ビジネスとするかを検討することになる。ソーシャル・イノベーションを含めた対応を行い，事態の打開をはからなければならない。経験は，この実践を積み重ねることに他ならない。困難の克服を重ねることにより，経験は厚みを増していく。省察の段階では，当該実践・経験から距離を置くことになる。その離れた位置から，実践・経験を客観視するのである。最終的には，概念化が志向される。省察において客観化されたもののなかから，独自の理論構築を試行する。

　ビジネスにおいては，経験が決定的な意味を持つ。学歴や資格，職歴のすべてにわたって経験に裏打ちされたものだけが評価される。高度成長期のように，キャッチ・アップが目標である場合には，伝統的な学習が威力を有していた。しかしいまや，ビジネスにおいて直面する問題は，どこかにモデルがあるわけではない。極めて不確実性の高い未知の領域といってよい。そうだとすれば，伝統的な学習は適応力に乏しいと言わざるを得ない。新たな状況を理解し，即自的な対応と省察を繰り返して経験を蓄積していく以外にはない。ソーシャル・ビジネスへの取組みは，通常のビジネスのそれとも重なるところは大きい

といえる。

第3節　誰がソーシャル・イノベーションを行うか

1. 事業型NPO

　事業型NPOは，従来の慈善型，もしくは福祉型NPOとは一線を画するものである。これまでに市場外で供給されてきたソーシャル・サービスを事業化し，市場内でこれを行う。また，潜在的に存在するニーズを掘り起こし，これを事業化する。さらに，事業化によるソーシャル・イノベーションを遂行することになる。このような過程を通じて，社会規範の改革を進めていくのである。
　NPOにおける事業化の推進は，従来型のNPOマネジメントでは対応が困難である。ここで必要とされるのが，ソーシャル・アントレプレナーである。基本的には，アントレプレナーと同じスタンスでソーシャル・プロダクトの供給を担当することになる。通常の企業家と同様の認識で市場に関与する。従来型NPOにおいては，助成や資金援助のため官公庁もしくは企業から自立することは困難であった。事業型NPOにおいては収支均衡を達成することにより自立化をはかり，官公庁や企業の干渉を断ち切ることを企図する。
　市場メカニズムを利用しつつもそこに社会規範を導入することが，ソーシャル・アントレプレナーには求められている。従来型NPOには，大きな制約が存在する。1つは資金の制約である。資金調達の困難だけでなく，経営判断もここから制約される。NPOにおいては，所有と経営の分離が必ずしも有効に行われていないからである。もう1つの制約は，NPOがボランタリズムに基づくところから来る。専門家を招聘することができないことである。従来型NPOにおいては，これらについて解決することは難しい。市場を介すること

により，事業として自立することが解決をもたらすことになる。

　事業型NPOが機能することにより，市場の変化を通じてソーシャル・イノベーションが果たされることを期待できる。もとより，少数の活動がもたらす変化は小さいかもしれない。しかし，これが次第にその規模を拡大できれば，市場メカニズムの変成や政治制度の変革にもつなげることができる。いろいろなレベルのアドミニストレーターの意識を，変革する可能性が拓けるのである。本書で取り上げるソーシャル・イノベーションは，NPOに限って実施されるわけではない。後で述べるように，営利組織がこれを担当することの意味も大きい。ただ，ソーシャル・プロダクトの供給はそもそも事業化が困難な領域を対象としているので，いわば市場と非市場のマージナルなところに展開している。完全に市場メカニズムに依存して活動できるわけではないというのが，現状である。したがって，NPO本来の資源動員に関わるボランタリズム等が要素として必要となる。また，欧米では社会問題を営利組織が扱うことに抵抗感を感じる市民が多いことも事実である。

2. ソーシャル・アントレプレナー

　ソーシャル・アントレプレナーは，ソーシャル・イノベーションを遂行し，ソーシャル・ビジネスを立ち上げる起業家である。社会問題を，ソーシャル・ビジネスにより解決することを志向している。社会問題を解決するために，ソーシャル・イノベーションを起こし，これによってソーシャル・ビジネスを運営するために，ソーシャル・ビジネスの起業をはかることになる。通常のアントレプレナーは，あくまで利益管理による業績評価がなされる。事業にどのような意義があろうとも，利益が出なければ評価が得られないどころか，当該業界から退場しなければならないであろう。ソーシャル・アントレプレナーといっても，もちろん利益管理から全く自由なわけではない。しかし，それは一義的なものではなく，基本となるのは社会問題の解決ないし解消である。ソーシャル・アントレプレナーとそのビジネスは，社会問題の解決にどの程度の貢献があったのかということを評価尺度にしている。ソーシャル・アントレプレナー

の出身は，NPOよりも企業や政府部門であることが多い。その場合，新たに組織を立ち上げるだけでなく，組織内のイノベーション遂行によってソーシャル・ビジネスとすることも行われている。

　ソーシャル・アントレプレナーがとる事業形態としては株式会社が典型であろうし，有限会社ということもあろう。もちろんNPOの範疇での展開ということで，事業型NPOということも多いかもしれない。ソーシャル・ビジネスを開始するにあたっては，会社法人として設立される事例もある。しかし，一般的には，会社法人設立となることは少なく，公共の施設を使うために任意団体の登録から開始される。ソーシャル・ビジネスとして軌道に乗っている場合には，株式会社化されている場合が多いが，任意団体にとどまっていることも多い。営利企業であれば規模の拡大をはかるために株式会社化が志向されるが，ソーシャル・ビジネスには必ずしもこれが必要とされないからであろう。

　ソーシャル・アントレプレナーの考え方が登場してくるのは，1960年代以降である。それほど古いことではない。欧米が，ロストウ（Rostow,W.W.）のいう高度大衆消費社会に入ってからのことである。もっともソーシャル・アントレプレナーに相当するもの自体は，歴史の上で確認可能である。ソーシャル・ベンチャーとしてあまたの大学や病院設立者の名が挙げられよう。また生活協同組合や孤児院の創設者などもソーシャル・アントレプレナーに数えられる。現代史のなかで，ソーシャル・アントレプレナーは，教育，福祉，医療などの分野においてソーシャル・イノベーションが遂行され，多くのソーシャル・ビジネスが立ち上げられたのである。

　ソーシャル・アントレプレナーのなかでも飛び抜けて有名なのは，ムハマド・ユヌスであろう。ソーシャル・ビジネスの嚆矢ともいえるグラミン銀行が引き起こしたソーシャル・イノベーションは，大きな影響を与え続けている。いまやグラミン銀行は，ソーシャル・ビジネスを立ち上げる核として地域経済の動向を左右するほどの力をもっているといえよう。ムハマド・ユヌスとグラミン銀行のあり方は，従来不可能と考えられていた事業活動とそれに対する融資が従来の枠組みを超えたところでも可能であること実証した意義は大きい。社会問題への対処に，ソーシャル・ビジネスを適用した場合の可能性の大きさ

を示したといえよう。ソーシャル・アントレプレナーの仕事は，その活動している国が「大きな政府」を採用しているのか，それとも「小さな政府」を採用しているのかによってその業務範囲は相違する。アメリカのように「小さな政府」の国では，ソーシャル・ビジネスが取り組む範囲は手付かずで大きく残されている。ヨーロッパでは，国や地域で多様な公的機関と協働することが多い。

　ソーシャル・ビジネスといっても，特別なことをしているわけではない。職業訓練やファイナンシャル・アドボカシー，事業計画の提案等により地域の経済条件を向上させるのである。グラミン銀行では女性の借手が多いことが特徴として指摘されるが，従来の民間金融機関の融資条件が男性でなければ満たせなかったことを暗示している。女性だからといって融資の焦げ付きが有意に多いわけではなく，新たな融資市場が開拓されたといえよう。

　農業分野でもソーシャル・ビジネスは，大きな成果をあげている。従来，プランテーションといえば商業的混合農業の熱帯における応用であり，資本主義市場経済の最も過酷な搾取の元凶のようにいわれたこともある。構造的飢餓の発生とプランテーションの形成に密接な関係があることは，ファン・デン・ボッシュ大将の強制栽培を引くまでもないであろう。しかし，ソーシャル・ビジネスとしてのプランテーションは，全く異なる相貌をみせる。経営から生ずる利益は，ユナイテッド・ブランズ社のそれとは大きく異なる。プランテーションで働く労働者の経済的地位の向上に，その大きな部分が投下される。利益が，プランテーションの外側に流出するわけではないのである。このように既存ビジネスと特段の差異はなくても，単に利益の分配構造を変えるだけで大きな成果が望めることも多い。

　そうだとすれば，通常の営利組織であってもソーシャル・ビジネスは成り立つことになる。いわゆる金融機関だとしてもグラミン銀行のように融資対象を従来の有担保・高所得以外のところに求めるならば，それはソーシャル・ビジネスといいうるであろう。担保が乏しく，所得が低いケースでも金融ビジネスが成り立つことは，グラミン銀行によって実証済みである。消費者金融とは異なるかたちで，無担保・小口融資が可能なニッチが存在するのである。

　ソーシャル・アントレプレナーを，どのようにとらえるかについては，論者

によって見解がわかれる。最も狭く解釈すれば，営利企業と全く同様に市場を通じてモノ・サービスを販売した収益によって維持されている組織のファウンダーだということになる。広義では西欧の協同組合組織が発達しているところのように，協同組合組織業務をソーシャル・ビジネスとみなし，その担当者はソーシャル・アントレプレナーとすることもある。広義の場合であっても，助成金・補助金もしくは寄付をどの程度まで許容範囲とするのかについては，一致をみているわけではない。公的助成が巨額だからという理由で，新規に設置される地域の医療機関を，ソーシャル・ビジネスから除外することは妥当だろうか。

　ソーシャル・ビジネスは市民権を獲得し，これを担うソーシャル・アントレプレナーの養成は喫緊の課題となっている。多様なファンド，NPO，NGO等がソーシャル・アントレプレナーに対して関与する度合は高まっている。大学・大学院等の高等教育機関においても，ソーシャル・アントレプレナーの養成課程が設置されてきている。ソーシャル・マーケティング[8]は，営利企業のマーケティング技法を非営利組織に適用するというものであったが，これとは逆にソーシャル・ビジネスは，社会問題解決の理念を市場に適用しようとしている。この壮大な実験の帰趨は，資本主義市場経済そのものの変革すら意味するかもしれない。

3. 営利企業のソーシャル・ビジネス

　営利企業がソーシャル・ビジネスを行う場合には，いわゆる社会的企業ということになる。事業型NPOの進化形ともいえよう。もちろん最初から企業としてソーシャル・ビジネスを扱う場合もあるが，これは当初から事業として成り立ち得るものを対象としていたということになる[9]。

　社会問題に取り組むことによる社会的価値がまず問題となる。ソーシャル・ビジネスは利益志向ではないが，事業の継続性を維持する程度の利益は確保される必要がある。既存の枠組みでは，これが不可能であるところにソーシャル・イノベーションをもたらすことによって，経済的価値が生み出されるようなス

キームが創造されることになる。

　1つの事例として，ユニリーバの取組みをみてみよう。同社は，サスティナビリティ（持続可能性）を経営戦略のなかに位置付けている。そしてサスティナビリティにソーシャル・ビジネスを組み込んでいる。すなわち長期利潤の極大化をはかるなかでの，ソーシャル・ビジネスの利用という形になる。[10]

　このような試みの1つとして，「プロジェクト・シャクティ」がある。ユニリーバの社会価値と経済価値の創造を，ソーシャル・ビジネスの展開の中ではかろうとするものである。シャクティとは，サンスクリット語であり，潜在能力や限りない慈悲，等を意味する言葉である。プロジェクト・シャクティは途上地域の公衆衛生を改善することを志向し，あわせて低所得層の就労支援を行う。そしてこのプロジェクトにユニリーバの石鹸販売を組み込もうというものである。ユニリーバのインド子会社が，これを担当している。途上地域の公衆衛生改善に自社製品を用いつつ，雇用によって就労機会，特に女性のそれを確保することを企図している。女性就労候補者に職業訓練を施し，ユニリーバの現地セールス・パーソンとして登用しているのである。もちろん売上の一部が，この女性就業者の人件費に充てられる。すでに4万を超える女性個人事業主（シャクティ・アマ）が，ユニリーバ製品を扱っている。

第4節　改めてソーシャル・ビジネスとは

　ソーシャル・ビジネスとは，社会問題の解決・解消を企図した事業を行うが，いわゆる社会事業とは異なり，利益管理を導入するビジネスを対象とする社会的企業である。こうした事業もしくは企業は，通常の事業・企業と変わらないが，利潤動機を必ずしも一義とするわけではない。あくまでも社会問題の解決を志向している。この意味で通常の実業家などとは相違しており，ソーシャル・アントレプレナーとして区別される。ソーシャル・ビジネスが着目されるよう

になった契機は，レーガノミクスやサッチャリズムが浸透するようになってからのことである。福祉国家を標榜する先進各国では，財政危機により社会保障費が大幅に削られ失われるようになった。もともと潤沢というわけではなく，国や自治体の助成金・補助金に相当部分を依存してきたNPOは，存続が危ぶまれるほどの財政難に襲われた。危機的状況のなかで運営の洗い直しが行われる。NPOにおいても利益管理が行われていないわけではない。しかしそれは，チャリティーでたまさか行われるようなフリンジとして位置付けられるものであった。あくまで内部補助にとどまるものであって，それが主要事業というわけではない。そのような付随的収益事業ではなく，主要事業に利益管理を適用し営利事業同様な管理を行う経営管理体制が事業継続にあたって有力な方途と目されるに至った。利益管理が大きく取り入れられても，組織形態は多様である。グラミン銀行のような営利企業として利益管理を貫徹する事例が多いが，コモングラウンドのようにNPO形態での活動を継続する組織も多い。

　西欧では，協同組合等の既存共同体からソーシャル・ビジネスに発展した事例が一般的である。これは西欧史に根ざすことであり，組織の所有や管理が共同体起源であることが多いことによる。公的な目的を有する組織については，おおむね社会的企業ととらえられている。そのプロトタイプは協同組合であるが，従業員所有会社等もソーシャル・ビジネスに区分される。また日本ではやや異なる分類とされるコミュニティ・ビジネスについても，ソーシャル・ビジネスと受けとめられている。

　社会問題の解決を志向しているということは，ボランティア活動やその1つであるNPOによる活動と同様である。しかし，ボランティア活動は基本的に無償である。実費程度の報酬はあるとしても，ボランティアによる手弁当の奉仕が想定されている。これに対しソーシャル・ビジネスは有料の製品について市場を通じて提供し，これによる社会問題の解決を志向する。したがって，ソーシャル・ビジネスによるモノやサービスは，営利企業のそれと市場で競争しなければならない。一義的には社会問題の解決が目的であるが，市場競争を前提とする以上，営利企業と同等のマーケティング努力が求められる。

　NPOにおいては，政府・地方自治体の補助金・助成金等が予算のかなりの

部分を占めていた。したがって，カネだけではなくクチも出すというところが常態である。国や地方自治体からの助成等が公金である以上，そのような制約が生じるのも当然である。これが行き過ぎると「行政の下請け」とみられることも少なくない。財政的に独立できれば，運用の点で自由度が増すことは確実である。

　ソーシャル・ビジネスである以上，株式会社形態を取ることが自然であろう。しかし，通常の株式会社とソーシャル・ビジネスにおける株式会社は法人として会社法上は同等であるが，内容については全く同じというわけではない。営利企業の経営行動は，利潤最大化を原則としている。これに対してソーシャル・ビジネスは，社会問題の解決ないし解消を追求する組織である。この点で営利企業とは大きく相違する。もとより，組織存続が可能な程度には利潤が獲得できなければならず，それがビジネス化の意味ではある。しかしそうだからといって，これが本来の社会問題への取組みに優先するわけではない。純粋にビジネスとして考えれば問題を孕んでいるが，本来はビジネス・ベースでは扱い難いものをビジネス化していることを考慮しなければならない。ビジネスとして完結し得ない部分については，国等の助成や市民による支援が期待される所以である。

　ソーシャル・ビジネスが対象とする社会問題の解決は，そもそも政府や地方自治体が行ってきた分野で生じてきたものである。したがって，行政の実施する社会政策や福祉政策と重複しているといってよい。社会政策・福祉政策は公的なものであり，何といっても公平性の担保が重要となる。公金投入を前提とする以上，施策の内容は一般的なものに収斂し，偏りのあるニーズには対処が難しい。あくまでもマジョリティを軸とした対応とならざるを得ない。ソーシャル・ビジネスが対象とするのは，社会政策・福祉政策の対象外となってきた分野である。また営利企業が供給対象としていない分野ということにもなる。経営学でいうニッチでのビジネスとなる。通常の営利企業が参入するにはあまりにも利幅が小さいと目されるような市場が，ソーシャル・ビジネスの対象となるのである。

　ソーシャル・ビジネスは，社会問題の解決をはかるプロセスについてソーシ

シャル・イノベーションが遂行されることになる。このようなソーシャル・イノベーションが普及することによって，新たに市場に参画する集団もしくは個人が増加する。英国版ビッグ・イシューの事業形態は，日本にも根を下ろしている。国境を超えて，ホームレスの社会参画を促すソーシャル・イノベーションが果たされた結果，一般的なソーシャル・ビジネスとして定着をみている。大きな成功例としてまず挙げられるのは，グラミン銀行であろう。地域金融にまつわる社会問題を解決し，従来見捨てられてきた融資対象が十分にその資格を有することを明らかにした。グラミン銀行のやり方はソーシャル・イノベーションとして認知され，各地にソーシャル・ビジネスとして類似形態を拡げることとなった。

---【復習問題】----------------------------------
(1) 社会問題の解決にあたって，ソーシャル・ビジネスが必要とされる理由は何か。「福祉国家」および「NPO」の1980年代以降の状況をふまえたうえで考えよう。
(2) インナーシティ問題について考え，解決の方向性を検討しよう。
(3) ソーシャル・ビジネスとソーシャル・マーケティングは何が一致し，何が異なるのか。CSRとの異同についても検討しよう。
(4) ソーシャル・イノベーションは，いわゆる「イノベーション」に比べどのような特徴を持つと考えられるか。
(5) 状況的学習の限界はどこにあるだろうか。
(6) ソーシャル・アントレプレナーが，最重要視しなければならないことは何か。通常の起業家との比較で考えよう。

<注>
(1) 1つの事例として「株式会社 ウイングル」があげられよう。障がい者雇用促進法は，従業員の1.8%を雇用するという割当制度を設けている。同社はこの法制度を前提として，障がい者雇用を企業が実施する場合の支援および障がい者に対する職業訓練を事業として行っている。障がい者雇用の円滑化をはかるため，障がい者を遠隔地で雇用すること，また障がい者雇用を促進するためのコンサルティング，さらに在宅雇用等の提案を行っている。障がい者雇用の割当については実施できてもそれで終わりというわけではない。職を得た後の成長の問題が残る。
(2) 1条校とは，学校教育基本法第1条に示されている教育施設のことである。

具体的には，幼稚園，小学校，中学校，高等学校，中等教育学校，特別支援学校，大学（短大，大学院を含む）および高等専門学校である。したがって，専修学校や各種学校などは1条校ではない。

(3) 英国会社法の改正によって新たに設けられた会社である。営利企業と異なり，当該地域の社会的問題解決に対して利益を振り向ける。会社形態としては，株式会社や保証有限会社の形となる。しかしその資産および利益は地域に向けることが義務付けられている。英国における社会的企業の典型となっている。

(4) 貧困問題は当然のことながら，途上国において深刻である。㈱ワクワーク・イングリッシュは，フィリピンにおいてこの問題に取り組んでいる。英語に堪能な同国人講師による英会話レッスンを，日本人に対して行うという事業である。この際，スカイプを利用することによって，コスト削減につなげている。失業問題が大きなネックとなっているフィリピン青年たちに就労機会を提供するとともに，日本人の英語力向上をも企図している。フィリピン人講師の雇用も進んでおり，さらに拡大が計画されている。そのなかでは，人材研修事業なども新たな柱となっている。

(5) もちろん批判はある。直接関与する目前の状況しか考慮していないというものである。現実には状況の背後に，法的・政治的規制，社会構造，マーケット・メカニズム等の社会構造が関わっているからだとする。

(6) 強制栽培により，栽培を強制された住民には深刻な影響が生じた。収穫された農作物は，ほとんど二束三文で強制的に買い取られたからである。

(7) 協同組合は，西欧において共通目的のために組合員が事業体を所有・管理運営を行うものである。非営利であり組合員相互の扶助組織である。いわゆる連帯経済の担い手と考えられている。最初の近代的な協同組合としては，消費組合ロッチデール先駆者協同組合が嚆矢とされる。

(8) ソーシャル・マーケティングは，1970年代以降に「概念の拡張論争」に伴い議論された。一方で企業の社会的責任を問い，他方でマーケティング技法の非営利組織への適用を論じている。この後者が，ソーシャル・ビジネスと関連をもっていると考えられる。ソーシャル・マーケティングといってもマーケティング技法の導入だけでなく，そこには利益管理が分かち難く結び付いている。マーケティング成果は，これによって量られるといってよい。ソーシャル・ビジネスにおいても経営技法が導入される点では同じであるが，利益管理のあり方は異なる。たとえ赤字となっても事業の必要性が確認されれば，補助金等の可能性を模索することになる。現行制度での対応が困難であるとすれば，さらなるソーシャル・イノベーションを企図することになる。

通常のビジネスでの継続の可否が，ソーシャル・ビジネスにおいてはそのまま適用されるわけではない。
(9) 企業がNPOを通じてソーシャル・ビジネスを展開しているケースも少なくないので，線引きは簡単ではない。
(10) 日本では，Coffret Project（コフレ・プロジェクト）が近いものかもしれない。日本国内でキャンペーンを実施し，家庭内の余剰化粧品を集める。これを，途上国に持ち込むのである。現地でメイクアップのワークショップを行う際の資材として活用する。これを現地女性の職業訓練や就労に結び付けようとするものである。

＜参考文献＞

アルバート・バンデューラ（本明・野口監訳）〔2004〕『激動社会の中の自己効力』金子書房。
市村浩一郎〔2008〕『日本のNPOはなぜ不幸なのか』ダイヤモンド社。
奥野信宏・栗田卓也〔2010〕『新しい公共を担うひと』岩波書店。
門脇厚司〔2010〕『社会力を育てる』岩波書店。
久保田賢一〔2008〕『構成主義パラダイムと学習環境デザイン（第四版）』関西大学出版部。
経済産業省〔2008〕「ソーシャル・ビジネス研究会報告書」。
─────〔2010a〕「平成21年度地域経済産業活性化対策調査（ソーシャル・ビジネスの統計と制度的検討のための調査事業）報告書」。
─────〔2010b〕「BOPビジネス政策研究会 報告書」。
谷本寛治編著〔2006〕『ソーシャル・エンタープライズ─社会的企業の台頭』中央経済社。
広井良典〔2009〕『コミュニティを問い直す－つながり・都市・日本社会の未来』筑摩書房。
M. E. ポーター/M. R. クラマー〔2011〕「共通価値の戦略」（邦訳）『DIAMONDハーバード・ビジネス・レビュー』JUNE, pp.8-31。
馬頭忠治・藤原隆信編著〔2009〕『NPOと社会的企業の経営学 新たな公共デザインと社会創造』ミネルヴァ書房。

（浅野　清彦）

第3章

ソーシャル・イノベーションと NPO

───＜本章のねらい＞───

▶ソーシャル・イノベーションを行う主体として，NPO を中心とする社会的企業の存在価値が高まっている。市場において，NPO の延長線上に捉え得るソーシャル・ビジネスの比重が高くなって来ているからである。

▶しかし，そもそもボランタリズムから生じ市場動向とは必ずしも一致しないNPO が，社会的企業としてイノベーションを行う主体として評価され，さらなる進化を遂げようとしている。イノベーションによる新商品・サービス開発はNPO のミッションにとって極めて重要なものになって来ている。

▶本章においては，NPO の役割，課題を論じ，ソーシャル・イノベーションを実現するソーシャル・アントレプレナーについて取り上げる。また，このソーシャル・アントレプレナーの役割についても特に経営上の視点からその詳細について論じる。

▶最後に，NPO のソーシャル・ビジネスの主体として，事業計画など特に経営上，マーケティング上の論点について論じ，未来のソーシャル・アントレプレナーとしての指針について述べるものとする。

キーワード

シュンペーター，コモングランド・コミュニティ，
ソーシャル・アントレプレナー（社会起業家），事業計画書，
マーケット・リサーチ，4P，プレス・リリース

はじめに

　今までの歴史の中で，ソーシャル・イノベーションの主役となって来たのは，間違いなく政治の分野であった。フランス革命しかり，明治維新しかりである。1930年の世界大恐慌から脱出するために行われたニューディール政策や，近年日本において小泉政権が行った構造改革や郵政民営化は，政治における変革に産業面での変革の流れが同時に行われたものである。つまり，ソーシャル・イノベーションとは，現在問われている社会的課題への解決手段であり，新しい社会的価値を創造することである。また，ソーシャル・イノベーションには，この社会的価値に経済的価値が必要となる。つまり，ソーシャル・イノベーションは，社会的価値と経済的価値を両立する革新でなければならない。

　「何故，現在，ソーシャル・イノベーションが必要になって来たか？」という問いに対しては，ソーシャル・イノベーションが「市場」と関わった概念であることが重要である。シュンペーターが言うように，「イノベーションとは，新しい製品，新しい生産手段，新しい市場，新しい原材料・半製品，新しい組織という5つのフューズの組み合わせである」としている。その点から言えば，たとえばイノベーションを目指す社会的課題を解決する商品であっても，価格が極端に高かったり，使い勝手が悪かったり，品質が悪かったりしたら，市場で勝ち残れず，イノベーションの実現は出来ない。従来のソーシャル・イノベーションが政府や行政中心に行われてきたが，現代のイノベーションは，この市場メカニズムの利用によって商品やサービスの売買を通した社会的課題の解決への参加が可能となって来ている。

　現代の社会において，資本主義の進行により生存競争のみを顕在化させて来た結果，社会的格差や社会問題を発生させてしまっている。これを解決するためには，単なる競争という市場メカニズムを，社会的に配慮された市場メカニ

ズムに変えることが必要である。このようなイノベーションを行うためには，従来の政府・行政が行ってきた非市場的な啓発的な取り組みでは不十分であり，市場の中から変革することが必要である。

一方，市場の中心的存在である企業も，社会的価値を創造することを積極的に行うようになって来ている。営利を目的とする企業も社会的価値を通じて，同時に経済的価値を創造することが可能である。すなわち，企業が社会状態の改善に関わることが企業の競争の源泉となる時代がやって来ている。社会的価値と経済的価値を同時に追求する組織として，CSR（企業の社会的責任）先進企業のみならず，社会的企業にも注目が集まって来ている。[1] 塚本［2011］によると，「社会的企業という概念は，きわめて多義的であり，単一の定義を与えることは難しい。…（中略）…社会的企業という概念は，社会課題の解決にビジネス手法を通じて取り組む組織の総称として普及しているのである。」としている。

近年，世界的に企業中心である「営利セクター」と，政府・行政中心の「非営利セクター」との境界線が曖昧化して不明確になって来ている。営利を目的としている企業においても，CSRや戦略的社会貢献の取り組みの中で，社会的課題の解決や新しい社会の価値の創造に積極的に取り組み，「公益」や「公共性」の領域に入って来ている。一方，非営利組織の中には，寄付や公的補助金からの依存を少しずつでも止めて，積極的に収益を獲得するために市場取引への領域へ入って行く新しいタイプの非営利組織も台頭して来ている。

本章においては，この非営利組織の中心である「NPO」について論じる。今日のNPOは，環境，福祉，教育，医療，国際協力などの様々な分野・場面への活動領域を広げて来ている。そして，その活動は企業や政府・行政の限界を克服して，社会の多様なニーズに応え，ソーシャル・イノベーションの原動力となっている。

第1節　NPOのイノベーション

1．NPOの定義と範囲

　NPOとは，「Nonprofit Organization」，または「Not-for-Profit Organization」の頭文字をとった略語であり，「非営利組織」や「民間非営利組織」という言葉で日本では表されている。

　NPOの定義としては，1990年に始められた米国のジョンズ・ホプキンス大学国際比較研究プロジェクトで使われた定義が当時広く使われていた。それによると，NPOを満たす要件として，①正式の組織（Formal Organization）であること，②民間であり，非政府（Private）であること，③利益を分配しないこと（Non-Profit Distributing），④自己統治・自己決定していること（Self-Governing），⑤自発的な活動であること（Voluntary）であった。①については，公式に目的を遂行するために設立された組織で，一般的には法人格を有する組織であるという意味である。また，このような組織の活動に対する役員の個人的な財政責任はない。②については，民間組織であり，制度的に政府から独立しているという意味である。③については，組織の所有者間で利益を分配せず，組織の使命遂行のために再投資される仕組みになっているという意味である。④については，組織がその組織内部に自主管理機能を有し，組織外部のからの影響・運営を受けないことを意味している。⑤については，組織のガバナンスもしくは事業実施において，ボランティアによる参加を意味する。

　その後，1994年までの研究プロジェクトとして追加的な要件として，⑥非宗教組織であること，⑦非政党団体であること，が加えられた。これらの要件は，研究上の比較作業上の理由によるものであり，研究の第2段階には，①～⑤ま

での狭義の定義と，⑥⑦を要件から除外して，さらに，⑧協同組合，⑨相互団体を加えた広義との2つの定義によって研究調査が行われた。

特に③の利益を分配しないことは，NPOを扱う上で重要なポイントである。NPOとういと，「利益を得てはいけない組織」「利益のない組織」とのイメージが先行するが，誤解であり，利益を得ることは可能である。しかし，利益を理事や経営者間で分配してはならず，営利を組織の主要な目的としてはならないことになっている。

NPOの定義として重要な点として，小川［2012］は，①ボランタリー・アソシエーション（人々の自発的な意思によって形成され，政府から独立した組織であること），②社会的ミッション（ローカル／グローバル・コミュニティにおける社会的課題の解決に取り組むことをミッションとすること），③非配分原則（寄付や事業活動で得た収益をメンバー間で再分配してはいけないこと）の3つを基本要件として示している。

また，NPOの範囲としては，広義では非営利団体のこと，狭義では非営利での社会貢献活動や慈善活動を行う市民団体のこと，最狭義では特定非営利活動促進法（NPO法）により法人格を有した団体（特定非営利活動法人）のことを指す。この考え方からすると，広義のNPOには，社団法人や財団法人，医療法人，社会福祉法人，学校法人，宗教法人，中間法人，協同組合，果てには地域の自治会なども入ることになる。一方，狭義のNPOの範囲であれば，各種のボランティア団体や市民活動団体を意味し，最狭義ではNPO法によって，国又は都道府県の認証を受けたNPO法人ということになる。ちなみに，NPO法が制定された1998年でのNPO法人は23法人であったが，2013年7月末でのNPOの数は47973法人に達している。

NPO法では，このNPO法人の活動分野を規定している。1998年のNPO法が制定された当初は，以下12分野であった。

① 保険，医療又は福祉の増進を図る活動
② 社会教育の推進を図る活動
③ まちづくりの推進を図る活動
④ 学術，文化，芸術又はスポーツの振興を図る活動

⑤ 環境の保全を図る活動
⑥ 災害救助活動
⑦ 地域安全活動
⑧ 人権の擁護又は平和の推進を図る活動
⑨ 国際協力の活動
⑩ 男女共同参画社会の形成の推進を図る活動
⑪ 子どもの健全育成を図る活動
⑫ 前各号に揚げる活動を行う団体の運営又は活動に関する連絡，助言又は援助の活動

2002年のNPO法改正において，下記の5分野が加わった。

⑬ 情報化社会の発展を図る活動
⑭ 科学技術の振興を図る活動
⑮ 経済活動の活性化を図る活動
⑯ 職業能力の開発又は雇用機会の拡充を支援する活動
⑰ 消費者の保護を図る活動

さらに，2011年のNPO法改正において以下3分野が加わり，NPOの活動領域は合計で20分野となった。[4]

⑱ 観光の振興を図る活動
⑲ 農山漁村又は中山間地域の振興を図る活動
⑳ 前各号に揚げる活動に準ずる活動として都道府県又は指定都市の条例で定める活動

2. NPOの存在意義

　NPOが社会的に注目され，期待される存在となった背景には，急激なグローバル化の進展により，社会の多様化が広がった結果，貧困や差別などが拡大した状況がある。また，そのような中，国および地方公共団体の財政危機や少子高齢化などの様々な緒問題を抱えたまま，構造改革が進められたために，市民生活の基盤である地域社会においても変化が起こり始めた。このような変化す

る課題に対応するために，市民が主体となって社会問題の解決の手段としてNPOの活動が注目を集めて来た経緯がある。

　NPOの存在意義としての根拠説としては，「市場の失敗」や「政府の失敗」が揚げられる。NPOの存在意義は，市場の失敗や政府の失敗によりその価値があるという考え方である。すなわち，市場や政府機能の欠陥を補正するためにNPOの活動が有効であるという理論である。

　「市場の失敗」は，市場メカニズムが働いた結果において，パレート最適ではない状態，つまり経済的な効率性が達成されていない現象である。市場の失敗が起こる要因としては，①公共財の存在，②不完全競争による独占・寡占の存在，③外部性の存在，④情報の非対称性の存在，⑤不完備市場，⑥不確実性，⑦費用逓減産業の存在，などが揚げられる。これらの中で，④の情報の非対称性の問題を考えてみると，たとえば医療や福祉においては，サービスを提供する側と利用する側との情報量が異なっていることが多いことが指摘されている。よって利用者はどのようなサービスが提供されるか，またサービスを受けた後にその善し悪しの判断が難しい。このような状況下では利用者は営利を目的とする組織には十分な信頼を置くことが出来ない場合が多々ある。そこにNPOの存在価値があり，NPOに信頼を寄せる可能性が強いと言える。市場の失敗が起こる場合には，政府が何らかの方法で市場に介入するか，あるいは政府が直接的に財の供給者となることが考えられている。前者において，多くの国において市場の失敗を是正するための政策として，NPOの存在意義が問われている。

　「政府の失敗」とは，経済のメカニズムの中で，政府主導の裁量的な経済政策が意図したような成果が上げられず，経済活動が非効率化することである。たとえば，政府の役割として，警察や道路などの公共財を提供することが挙げられるが，そこには限界がある。政府が行動するには，多数の国民の支持が必要である場合が多いし，分配において公平性が重んじられる傾向が強い。したがって，少数意見や特定グループの意見は反映されない。よって，政府の供給には量的にも質的にも限界がある。これに対して，NPOの活動は，これらの問題を克服して，より柔軟かつ迅速に対応することが可能である。

しかし，勝又・岸［2004］によると，「NPO は市場の失敗や政府の失敗の結果，登場したとする主張が出ているが，NPO の歴史からみてもありえぬことである」との見解もあり，「NPO が非市場経済である贈与経済に属する社会的交換として，位置付けられていることは明らかである」[5]との主張もある。

確かに，市場の失敗や政府の失敗が，NPO の存在を積極的な意味で捉えているものではない。言えることは，市場環境不適応としての存在価値である。市場の失敗や政府の失敗の補完として存在を超え，生活者が社会を構成する上で不可欠な存在意義を持つ組織として捉えることが出来るであろう。すでに，NPO は，人間や社会の根源的価値に応える存在となって来ている。

3. NPO のミッション

(1) NPO の社会的使命

NPO が営利企業と全く違う点は，利益目標を持たないことである。NPO は言うまでもなく not-for-profit であり，営利企業は for-profit である。この NPO の「非営利性」と「利益の非配分」が，NPO 概念で重要な点は前述の通りである。では，営利以外の目標となるものは何なのであろうか。この点に関しては，これまで「社会的目標」や「公益」といった言葉で頻繁に表されて来た。NPO の場合，企業の株主に当たるものは「会員」であり，会員は組織から配当を受け取るのではなく，会費を払って組織を支えている。何故，組織を支えるかと言うと，社会的使命に共感しそれを実現するためである。つまり，NPO は，社会的な目標を利益よりも優先させて活動する組織である。

「社会的使命」という言葉は，「使命・ミッション（mission）」と，それが「社会的」であることの2つの側面から捉えることが出来る。藤井［1999］によると，「NPO の使命とは，単なる組織目標ではない。組織成員自身の使命観や理念と結びつき，NPO 成員のアイデンティティにまで深くコミットした目標であり，かつ具体的な組織目標の前提となるビジョンと見なすことができる」[6]としている。また，使命が「社会的」であることとは使命が自己的な利益を志向

するものではなく，社会的に開かれた利益を追求するという意味である。もちろん，社会的とは公共的であることは言うまでもないが，NPOが社会的ニーズを発見しそのニーズに適切に対応するということである。NPOはその組織成員が社会的使命を共有して連帯することが，活動の原動力となっているのである。

したがって，NPOは社会的使命を維持しながら財政的安定を維持しつつ，組織としての力量を向上されることがNPOのマネジメントを考えるうえで重要なことである。その意味からすれば，逆に社会的使命が営利動機に変わってしまった場合や，政治・行政の下請的な役割になってしまった場合は，すでにNPOとしての存在価値はないことになる。また，NPOには公共サービス等を提供するのみならず，社会運動的・市民運動的な側面もある。市民社会は多様な価値観を持った人々によって形成されており，民主的な市民社会では社会的に少数派であっても，その価値や意見を表明する権利を認めている。NPOの使命には，こうした市民の多様な価値や意見を代表する機能をも有している。

具体的には，NPO設立に当たってのミッションの内容を定義したものが「ミッション・ステートメント」である。NPOのミッション・ステートメントには，「具体的な手段」と「それによって目指す具体的な社会変革」を言葉で表現しなければならないとされている。ドラッカー（Drucker, P.F.）は，NPOの使命の中には，「社会に存在しているニーズ」「自らの組織が他に比して卓越している部分」「自らの組織が信じる価値観」の3つが包含されていなければならないと主張している。

では，NPO自身，NPOが存在する社会的使命とは何なのであろうか。ソーシャル・イノベーションの主体となることが出来るのであろうか。ソーシャル・イノベーションについて，経済学者・シュンペーターの景気循環に当てはめて考えてみれば，イノベーションの結果として社会に波及する様々な変革の波をソーシャル・イノベーションと捉えることができる。これまでの歴史の中で社会を変革する主役だったのは「政治」であった。しかし，現代社会においては異なる現象が生まれて来ている。シュンペーター（Schumpeter, J.A.）が，「競争社会の進化が極限に達し経済社会が停滞すると，社会は新たな成長機会

を提供してくれる革新（イノベーション）が必要である」としている。

　まさに，我々の社会は今，その局面にあるように思う。政治セクターが小さな政府を目指し，他セクターへの開放と連携を推進し始めてきた。言い換えれば，NPOが社会的課題にかかわる範疇が一気に拡大してきている。そして，この革新として，現代社会に活力を与えるポテンシャルがNPOには存在している。これまでの政府や企業の役割に捕らわれない柔軟な発想がソーシャル・イノベーションのためには必要となっている。その大きな役割を担えることが出来る可能性がNPOにはある。

(2) NPOの課題

　NPOの存在は，正義感や善意，社会改革を目指すなどの共通の目的を持った人々によって成り立っている。その前提は「善意」であり，NPOの存在自体が「善意の存在」として捉えられている。しかし，実際にはNPOが意図した方向とは異なった結果を招くことも可能性としては残る。実際には，NPOが使命とする目標とは異なる結果を招くことさあると言われる。所謂，「NPOの失敗」である。

　政府（行政）には民主化のための公平であるが故に発生する問題があり，企業は営利目標があるが故に発生する問題がある。そして，NPOにおいてもその本質に基づく問題（失敗）がある。

　NPOの失敗には，主に2つの原因があると言われる。その1つは，NPOが設定したミッションが社会的ニーズと合っていなかったり，誤っているケースである。その2つ目は，NPOがミッション達成のための手段やアプローチ方法が，現実と合っていなかったり間違っている場合である。営利を目標としている企業であれば顧客のニーズに答えられなければ市場から退出することになるが，NPOにおいてはそのような団体を排除することが難しいとされる点からしてもやっかいな問題を抱えることになる。

　また，NPOを支えているボランティアにも問題がある場合があると言われている。NPOにはボランティアが存在するが，これはNPO固有の特徴であり，政府や企業にはボランティアの概念は存在しない。ボランティアの特徴として

挙げられるのが,「自発性」「連帯性」「無償性」である。自発性とは,自らの判断や責任で行われることである。連帯性とは,利己だけではなく,他者と連帯のために活動することによって個人の自己実現を達成することを意味する。無償性とは,自らの信念や価値を実現するために金銭的な見返りを求めず行動することである。ボランティアとして,この3つの点を持ち合わせているか,もしくはそれらを目指す個人が望ましいことになる。

NPOの大きな特性として,労働力がボランティア中心であることが挙げられる。NPOにとって,この点では労働力コストをカットできるという大きな利点が存在するものの,その活動に非効率が発生してしまうという問題点がある。その問題点と要因はおおよそ以下の4点である。

① NPOの労働源であるボランティアは,一般的に専門的な教育やトレーニングを受けていない素人であるため,専門性を持っていない。しかし,NPOのミッションによっては,専門性を要求される分野や場面が多々存在する。特に近年においては,専門的知識と技術を必要とする社会貢献が多く,社会問題に深く関与するに従って,より専門性が求められるようになって来ている。

② その専門性を持ち合わせていないボランティアが,NPOにおける自分の役割を認識しないまま行動することがある。また,NPO自体も何をボランティアに求めるかを明らかにしない場合もあるとされている。

③ ボランティアは原則無給であるため,金銭や物的誘因のためにNPO団体に所属するわけではない。一般企業では従業員が働くにあたってのインセンティブの多くは,給与などの金銭的な部分や組織での地位などの人的処遇である。NPOには,いかにこのボランティアの行動＝インセンティブを与えるかの問題が存在する。

④ 最後に「ボランティア活動への関心と行動のギャップ」がある点である。内閣府が実施した「生活学習とボランティア活動に関する世論調査（平成5年）[7]」によると,ボランティア活動に高い関心が寄せられているにも関わらず,実際には活動には至らない現状が示されている。この調査によると,全体の60％がボランティア活動に興味を持っているものの,実際には

NPOへ参加経験のある人は30％にも至っていない。また継続性にも問題があり，ボランティアを経験したことのある人のうち現在は続けていない人が67％にも達しているのが現状である。比較的最近に実施された平成17年の内閣府の調査によると，ボランティアの関心は一段と高まりつつある。NPOには，ボランティアとしての潜在的資源が存在するものの，その多くは実行に至っていないという問題が存在する。

第2節　NPOの組織イノベーション

1. 社会的企業の新展開

　NPOは,「社会的課題」の解決が第一の役割であるが，同時に「経済的役割」も果たさなければならない。NPOとしての社会的・経済的自立を進めると共に，社会的な経済効果を生み出すことである。近年はNPOを「社会的企業」として捉え，この社会的企業を大きく発展させようとする動きがクローズアップされている。社会的企業とは，社会問題の解決を目的として収益事業に取り組む事業体のことである。

　こうした社会的企業が注目を集めるようになったのは，1980年代以降である。米国レーガン政権下や英国サッチャー政権下で社会的保障費が大幅に削減されると，それまで公的な補助金や助成金に大きく依存して運営されてきた米英のNPOは深刻な資金不足に陥った。こうした中でNPOは，コア・ミッション以外の分野で展開される収益事業（チャリティーやバザーなど）としてではなく，事業体のコア・ミッションそのものを収益事業とする社会的企業として大きく発展することとなった。

　こうした社会的企業としての事業体としては,①営利企業の形を取るもの（た

とえば，グラミン銀行，ベン＆ジェリーズ・ホームメイド，ザ・ボディショップなど）と，NPO の形を取るもの（たとえば，コモングラウンド，フローレンスなど），複数の企業や NPO の組み合わせたポートフォリオ形態を取るもの（ビッグ・イシューなど）がある。社会的企業には，このように非営利組織のみならず株式会社や協同組合など多様な組織形態が含まれている。たとえば，イギリスにおいては事業体の所有形態や管理形態そのもの，共同体を基礎にしたものが多く，またそういったものを社会的企業として捉える傾向が強い。こうした事情から，イギリスでは協同組合，従業員所有会社，クレジット・ユニオン，開発トレスト，コミュニティ・ビジネスなども社会的企業として認知されている。

　このように社会的企業の形態は多様であるが，非営利組織における商業的活動には，「利用料金」と「副業的活動」を通じた収益の獲得の2つがある。たとえばアメリカでは，非営利病院がフィットネス施設やプールを一般向けに開設したり，非営利の美術館が斬新な売店を併設したり，非営利である大学が企業の営利目的の研究と連携するなど，広範な商業的活動の傾向が顕著である。このように商業化の傾向を強める非営利組織には，本来のミッションと関連しない「非関連事業」への関与の度合いを強める現象が見られている。非関連事業が本来の事業の犠牲のもとに行われているならば，ミッションからの逸脱であり，目的を達成出来ないことになる。しかし，非関連事業が本来の事業（ミッション）への資金源を提供するものとなるならば，商業活動への関与とミッションの追求は両立することになる。

　また，この商業化の傾向は，非営利組織の経営そのものにも革新をもたらしていると言われる。多様な財源の確保により財政的な基盤がもたらされることで，市場規律のもとで事業そのものの質が高められる。商業化により，組織の効率性と有効性が高められるという利点を持つことにもなる。資金源が多様化することにより，組織の健全性の強化，経営能力の向上，財政的規律の強化などの効果をもたらしている。

　社会的企業は，商業的な要素と慈善的な要素とのバランスをとりながら社会活動を行う。したがって，非営利組織のリーダーは単に追加的資金源のみとし

て商業的要素を強めるのではなく，資金源と業績とを結びつける新しい価値観を持って行動することになる。社会的企業は商業化の肯定的な側面に光をあてることによって，非営利組織（NPO）の新しいあり方，組織改革をもたらしている。

社会的企業の特徴としては，

① 社会的企業は「社会的目的」をもっている。

社会的企業の主な目的は，社会的な貢献・改善である。営利目的の企業とは異なり，株主や経営者，従業員，顧客のために利益を獲得するのではなく，社会的状態を維持し改善することにある。

② 社会的企業は利益の最大化ではなくミッションの達成を最優先する。

営利目的の企業は常に利潤最大化行動を採る。社会的企業は社会的課題の解決をミッションとして持っているため，利潤の最大化ではなく，ミッションの達成を最優先としている。社会的企業の揚げるミッションにステークホルダーの共感・賛同を得た場合には，ステークホルダーからの支援を得ることが出来る。

③ 社会的企業は，有料サービス提供活動による社会的課題の解決を目指す。

社会的企業は社会的課題の解決を目的とする組織であるという点は，ボランティア活動やチャリティー活動と相似である。しかし，従来のボランティア活動やチャリティー活動は無償による奉仕を基本としているが，社会的企業は有料のサービス提供活動による社会的課題の解決を目指す。社会的企業の活動領域は原則「市場」であるため，提供するサービスや商品は競争力が求められる。したがって，サービスや商品自身の品質レベルは高く，それらを提供するための人材も企業から調達されることも多々ある。

④ 社会的企業は，非営利組織より柔軟でスピーディーな事業展開が可能である。

従来の非営利組織は，公的な補助金や助成金に依存している。そのため，資金の出所先である国や地方公共団体，各種財団などから事業展開に際して，様々な制約があった。社会的企業はこれらを克服出来る組織体である。

⑤ 社会的企業は，従来の福祉や営利企業のサービスから漏れた分野に特化

した事業展開を行うことで，事業成立させることが多い。

　従来の福祉政策は生活者全体に対する公平性を優先するため，そのサービスの内容は最大公約数的なものであり，小さなニーズや細かなニーズへの対応が出来なかった。この対応が社会的企業には出来る。そして，そのことが社会的企業の存在価値でもある。

⑥　社会的企業の存在が，従来の「市場」から排除されていた社会集団を，新たに市場に参加させる機会を創る。

　社会的企業は，社会的課題を解決するための新しいビジネスモデルを持っている。そのため，従来何らかの理由で市場から排除されていた社会集団に，新たなチャンスを創造する役割を持っている。たとえば，イギリスで創られた「ビッグ・イシュー」のビジネスモデルは，その後，他国，他地域でも展開され，ホームレスの社会的排除を解決する手段の1つとして利用されるようになった。

　以上のように社会的企業の特徴は，非営利組織の新しいモデルとして有効である点が多々ある。しかし，社会的企業が非営利セクター全体をカバーしうるものではない。営利企業は利潤最大化を目標にすることで，利害関係者に最大の利益を分配する。したがって，営利企業に対して出資（投資）する人たちが多数出現するわけである。しかし，社会的企業はミッション達成のために賛同者を募らなければならない。また，特定の社会的な課題に無関心な層の人たちも多々いる。

　社会的企業は収益事業志向とは言え，公共的市場で活動を行うことになる。そのため，資金提供者の満足を得るための困難性を構造上有することになる。また，その満足を得ることが出来ない場合は，社会的企業としての多様性・自立性を失うことにもなる。

2.　コモン・グラウンドによる地域改革

　NPOの形をとるが社会的企業として，その社会的評価の高いニューヨークのコモングラウンド・コミュニティを本項では紹介する。

NPOは本質的に「地域主義」であり，成熟した市民社会に向けてその特性を活かして新しいコミュニティを創ることを目指している。そのため，新しい価値，新しい公共の実践が求められている。

　NPO法人コモングラウンド・コミュニティ（以下，コモングラウンド）は，ニューヨークで最大規模の長期型支援住宅を確保し運営しているホームレスの支援団体である。年間の事業費が約50億円，常勤スタッフが約300人という社会的企業である。その活動はホームレスに対しての低家賃住宅の提供，メンタル面のサポート，医療サポート，就労トレーニング，それらの人々に対する様々な支援と幅広く，今までのNPO団体の中で最もバランスの取れた活動をしている団体である。ホームレスの問題を解決するために設立されたNPOであるが，ホームレスの人々をコミュニティに貢献できる人材として輩出できるよう，財政その他の適切なサポートをするということで，地域貢献の団体でもある。

　コモングラウンドは1990年に，長年経営が上手くされていなかったタイムズスクエアガーデンの市営の福祉受給者用ホテルが閉鎖される事が決まったことに対して，取り壊しの反対を要求するために立ち上がったロザンヌ・ハガティ氏1人によって始められた。このタイムズスクエア市営福祉ホテルをホームレスたちのための支援住宅へと改造したのをきっかけに，その後コモングラウンドは市や他の団体から老朽建物を引き取り，ホームレスや低収入の人々のための支援住宅へと改造し，ホームレス問題とマンハッタンの住宅問題に対して斬新な支援活動を行っている。

　もともと1990年当時，ニューヨークではホームレスの増加傾向にあり社会問題となっていた。一方，人が住まなくなった家や放置されたままの建物が大量に出て「廃墟」といった問題も抱えていた。そこで，コモングラウンドは，ホームレスの人々だけに対象を絞らず，低所得者で住宅問題を抱えている人々も支援対象に含み，ニューヨークの住宅不足のために困っている人々すべてが清潔で安心して住める住宅施設と環境を創る事を活動目標とした。コモングラウンドは，ホームレスの人々が自立していくため，また将来のホームレスの増加を食い止めるため，住宅サービスの他，就労サービス，就職紹介サービス，精神・身体の医療サービスといったその他サービスを組み合わせた総合サポート体制

を採ったところに特質がある。つまり，「部屋を与えるだけでは，根本的解決にはならない」とし，コモングラウンドは多様なサービスすべてを1つのパッケージにし，問題解決をはかって来た。

これらのサービスをコモングラウンドが提供する以前，ニューヨーク市は当時，単なるベッドと食事を提供して形ばかりの就業指導をしていた。このニューヨーク市が提供していた「シェルター」の場合1ベット当たり年間2万3,000ドル，刑務所の場合は3万8,000ドル，精神病院が11万5,000ドルの経費がかかっていた。これに対して，コモングラウンドは，コモングラウンドとして事業をし，働いた人から得た収入のうち30％を家賃として払ってもらうという方式の場合，1ベット当たり年間費用として1万5,000ドルででき，地域財政の面でも大いに貢献して来ている。

よって，当初このプロジェクトを立ち上げるのに，3,600万ドルの資金がかかったが，ニューヨーク市から低利の融資を受けることができ，特別な税制による措置の制度の利点を得るため様々な会社からの寄付を受けることができたことが，この事業の裏付けにある。また，「歴史的な建造物」を保存するというプロジェクトに与えられる資金を活用したところにも財政的裏付けがあった。

このコモングラウンドの活動により，得られた地域開発の効果は以下の様相である。

① 最も危険な建物を，非常に安全な，そして効率的な建物に変更させられた。
② 歴史的建物が保存できた。
③ ビジネスとして非常に質の低い地域だったところに，質の高いビジネスの地域に変更できた。
④ 地域の経済発展に貢献し，地域の人々に仕事の機会を与えられた。
⑤ 地域の教育レベル向上に繋がった。
⑥ 地域企業の雇用促進費や訓練費を削減できた。
⑦ ニューヨーク市の財政に貢献し，社会全体の医療費が少なくなった。
⑧ コモングラウンドの建築する建物に関する仕事，メンテナンスの職員，サービス提供など，新たな雇用の創出ができた。

第3節　ソーシャル・アントレプレナー

1．ソーシャル・アントレプレナーとは

　近年，ソーシャル・イノベーションの遂行者としてソーシャル・アントレプレナー（社会起業家）が注目を集めている。ソーシャル・アントレプレナーは，一言でいえば「社会問題を経営的手法を用いて解決する」起業家のことである。ソーシャル・アントレプレナーは社会問題を認識し，社会改革を起こすために，ベンチャー企業を創造，組織化，経営するために起業という手法を採るものを指す。

　ソーシャル・アントレプレナーに関する定義は，定義をする団体や個人の目指す方向性や社会的な背景により様々である。たとえば，スタンフォード大学ソーシャルイノベーションセンターは，「社会的起業家は，社会問題を解決するために伝統的なビジネスのスキルを用い，革新的なアプローチを考え出し，個人的よりむしろ社会的な価値を創造する」としている。また，渡辺［2005］は，ソーシャル・アントレプレナーシップ（社会起業家精神）を一般企業の経営者との違いにより，①収益を追求する企業の運営方法と戦略を，社会問題の解決に活用する。②あくまでも収益を確保するビジネス組織として，広く人材と資金を求める。③こうした方法によって，社会問題解決に「効率」という考えを導入し，新しい課題解決のスタイルとビジネスモデルを社会に提案する，と規定している。[8]

　企業論の Dees, et al.［2001］は，ソーシャル・アントレプレナーの革新性に注目し，ソーシャス・アントレプレナーの特徴として以下の5点を挙げている。[9]

① 社会的価値を創造し，維持するためにミッションを採用する。ソーシャル・アントレプレナーにとって，社会状態の改善というミッションが本質的なのであり，それは利益をあげることよりも優先される。
② そのミッションを達成するために，新しい機会を認識し，絶えず追求する。
③ 継続的なイノベーションや適応，そして学習のプロセスに関与する。
④ 手持ちの資源に制約されることなしに大胆に行動する。
⑤ サービスを提供する顧客や生み出される成果のために，より強力なアカウンタビリティ意識を示す。

また，Waddock and Post［1991］は，ソーシャル・アントレプレナーを他の公共分野を担う起業家とは異なる点として以下の3点を挙げている。[10]
① 社会的起業家は公務員ではなく，プライベート・セクターの市民であること。
② 公共的事柄と関連する課題に対する一般公衆の関心を喚起すること。
③ 一般公衆の関心の喚起という社会的起業家の願いの結果として，新しい解決策が生み出されること。

これらはいずれも，ソーシャル・アントレプレナーが社会問題を解決するために，ビジネスの方法論を応用するという点にフォーカスしたものである。これはソーシャル・アントレプレナーを捉えるにあたって重要な視点であり，これまで効率の悪かった分野へビジネスの方法論や資金などのリソースを入れることで，新たなインパクトを生み出す点に着目したものである。そしてさらに重要な点は，社会に何らかの変化やイノベーションをもたらすことと，それを実現しようとするソーシャル・アントレプレナーシップであり，ビジネス的手法はその方法論の1つである点である。

では，具体的にソーシャル・アントレプレナーとはどのような人たちのことを言うのであろうか。槇［2011］は，「彼らの取り組みに一貫する基本的な共通点がある」とし，下記の5項目すべてを満たす人がソーシャル・アントレプレナーだとしている。[11]
① アイディアの斬新さ

従来には無かった斬新なアイディアであり，現在社会で行われている取り組みを根本的に変え，持続可能な変革をもたらす可能性をもっていること。

② ソーシャル・インパクトの大きさ

取り組みの効果が明らかで，かつ地域や境界を越えて広く伝播，拡張する可能性をもっていること。

③ 起業家としての資質

目的を達成する戦略的ビジョンと具体策を持ち，どのような困難があろうとも粘り強く推し進めて必ず目的を達成する強い意志と高い能力を合わせ持つこと。

④ 創造性

課題解決の前に立ちはだかる幾多の障壁を，創造的な発想と方法で乗り越え続ける能力をもつこと。

⑤ 倫理的資質

自分の為にではなく他人のために最大限の努力をすることを自分自身のゴールとして疑いなく受け入れ，それ故に他の人々から信用され，また信頼されていること。

また，1997年にイギリスのシンクタンク「デモス」が出した報告書『ザ・ライズ・オブ・ソーシャル・アントレプレナー』では，ソーシャル・アントレプレナーに共通した資質として，次の5つの要素を挙げている。

① リーダーシップがあること

② ストーリーテラーであること

③ 「人」のマネジメントができること

④ 理想家でありオポチュニスト（ご都合主義者）であること

⑤ アライアンス（同志的結合）を構築できること

一般的企業が追求する利益は，ソーシャル・アントレプレナーの場合，追求するのは社会的使命である。したがって，ソーシャル・アントレプレナーは組織の社会的使命を定め，その使命のために人員を動員するリーダーシップが要求される。また，その社会的使命がユーザーのニーズに合致しているか，その使命達成のために支援者のサポートを受けられるか，ソーシャル・アントレプ

ヘナーは常にそれらをマネジメントしていく能力が求められる。

　そうした社会的使命はスローガンとして掲げているのではなく，人々の共感を得て多くの人たちの支援を受けなければならない。そのためソーシャル・アントレプレナーは，その価値を説明し，政治とは違う観点で人々の心を動かすストーリーテラーの要素が必要である。また，ソーシャル・アントレプレナーは支援者，スタッフ，ユーザーたちの知恵とアイディアを引き出し，マネジメントしていく能力も必要である。したがって，柔軟な実行者でなければならず，社会的使命達成のための戦略家でなければならない。ソーシャル・アントレプレナーにとって重要な必携としては，その活動にさいしてサポートする広範な人的ネットワーク，社会的ネットワークであり，それらを活用できる素質が何と言っても必要である。どんな立場の人たちとも柔軟にネットワークを組み，連帯を図ることによって，使命達成のために常に革新者でなければならない。

2. ソーシャル・イノベーションにおけるソーシャル・アントレプレナーの役割

(1) ソーシャル・アントレプレナーの可能性

　ソーシャル・アントレプレナーは，「社会問題をビジネス的な手法を用いて解決する」人たちのことである。政府（行政）や企業，そしてボランティアとの違いは，その解決方法の手順をみても明白である。解決方法の手順は，①社会問題を明白にする，②その解決のためビジネス的な手法を的確に応用する，③問題を解決し，ミッションを達成する。ソーシャル・アントレプレナーには，今までの政府（行政）や企業，ボランティアやチャリティーなどでは解決できなかった事柄に対して，それらを解決出来る可能性がある。

　その第一は，政府（行政）が解決できなかった社会問題に対しての可能性である。行政は社会問題が存在していても見知らぬふりをする場合もあるし，マスコミなどに取り上げられて騒がれると解決に乗り出すが，官僚的手法の壁により解決できないことも多々ある。また，その結果に対して説明責任も結果責任も問われることはほとんどない。特に，現在，ソーシャル・アントレプレナー

が活躍する福祉・医療・教育・国際・文化・安全などの分野は，今までは主に政府（行政）の領域であり，彼らの専売特許であった。ところが近年，先進諸国の財政危機を背景に各国が「小さな政府」を志向するようになり，これら公共サービスの供給効率が急激に低下した。また，公的機関の腐敗や天下り人事，税金の無駄使いなど公共セクター自身の問題を解決できないまま，古くニーズに合わないサービスを提供し続けて来た。この古い公共サービスの創造的破壊を行うソーシャル・アントレプレナーの台頭が社会的要請である。

　第二は，社会的コストの削減とサービス向上への可能性である。2節の「コモン・グラウンド」の事例でも述べたように，行政が行う公的サービスよりも社会的企業がサービスを提供した方がコストも安く，品質も良い場合が多々ある。問題解決をビジネス的手法で行うわけであるが，「市場」での活動領域であるためコスト意識が働く。市場を通すことによって，画一的なサービスではなく，そのニーズや実情に合わせた地域ごとに個別サービスを提供することができる。その結果，「顧客ニーズ」にマッチしたサービス提供により，ミッションが達成される。

　第三は，公益を生活者に戻せる可能性があることである。「公共とは誰のものか」「公益とは誰のものか」と考えると，それは生活者のものであるはずである。ところが，時と場合によっては，この公共・公益を政府（行政）が奪っている場合がある。政治学で言う「公益国家独占」である。これを，生活者に戻す可能性をソーシャル・アントレプレナーは持っている。特にわが国は，明治時代より戦争を行う目的で公共・公益を国が独占する法整備を原則行い，今日まで基本的にその伝統が受け継がれて来てしまった。その権益を，生活者の公共・公益のために戻せる可能性が，ソーシャル・アントレプレナーにはある。

　第四に，社会問題の解決に際して，さらに大きな問題を発見しより良く問題解決ができる可能性があることである。ソーシャル・アントレプレナーは問題解決のため，人的ネットワークや社会的ネットワークを駆使，拡大して，優れたアイディア，優秀な人材，必要な資金を獲得する。そして，特定の問題を解決するためにミッションをスタートさせるが，その途中でさらに大きな課題に突き当たる場合がある。また，自らその問題を発見し明らかにする場合もある。

そして，最初のミッション達成のために，これらのさらに大きな課題解決のため，施策を開発して行くことになる。このことにより，さらにより良い社会の成長ドライブに向かうことが可能となる。特に近年，ミッション達成のための障壁は政府規制を中心とする「規制」であると言われているが，ソーシャル・アントレプレナーはそれらを克服してこそミッションが達成されることを知っている。

(2) ソーシャル・アントレプレナーの役割

わが国では現在，4万8,244（平成25年9月末現在）ものNPOが活動している。しかし，日本の市民セクターは総じて，生産性，規模，グローバル化の点で，ビジネスセクター並みの競争力を持つには至っておらず，この競争力を上げることがソーシャル・アントレプレナーには求められている。これまで強力な経営者がビジネスセクターを引っ張ってきたように，ソーシャル・アントレプレナーが，市民セクターを強力なものにして行かなければならない。何と言っても，市民セクターでは，NPOを中心とするプレーヤー達が市場での事業運営スキルを学び，切磋琢磨しながら競争力を付けて行くという状況が求められている。特に，ビジネスセクターが市場競争の中で長年育ててきた人材や，培ってきたスキルを，市民セクターに移転させる役割がソーシャル・アントレプレナーには求められるのである。

この観点から，ソーシャル・アントレプレナーの役割を考えると，以下6点に整理されるであろう。

その第一は，ソーシャル・アントレプレナーにおける「マネジメント能力」の発揮である。ソーシャル・アントレプレナーには，この能力を最大限に発揮する役割を有する。ソーシャル・アントレプレナーが担う事業は，サービスの直接的な受益者から妥当な料金を徴収できないケースが多々あり，経営上大きな問題を抱える場合が多い。そのため，純粋な事業収益ではなく，助成金や寄付金で財務資源を獲得し，「ミッションへの共感」や「ミッション達成までのプロセスの楽しさ」を強調することで無償あるいは市場価格より低い賃金を許容してくれる人材を獲得して，どうにか成り立っているケースがある。社会的

企業は継続することが重要であり，そのための経営資源をどのように入手するかがポイントである。ミッション達成のため世論を形成し，制度を変えることがソーシャル・アントレプレナーの目的となっていることから，幅広い人を持続的に活動に関わらせるために，ミッションへの共感やミッション達成までのプロセスの楽しさを強調しがちであるが，事業運営こそが重要な役割である。そもそも市民セクターは，事業の運営そのものが利益というよりは寄付金や助成金で賄うことが前提とされていることからの問題が存在する。社会的企業は，地域社会やステークホルダーたちの支援を集めることによって，社会的企業としての存在価値が認められ，事業が成立するのである。そのために，マネジメント能力，特にステークホルダーとのコミュニケーションやアカウンタビリティが重要である。

その第二は，ソーシャル・アントレプレナーが行う社会的企業の「組織の管理能力と開発と改善」である。ソーシャル・アントレプレナーは，事業を始める初期状態において資源基盤は弱く，ボランティアや低賃金を許容する労働力に依存することによって事業成立している場合が多い。その点からすると，ソーシャル・アントレプレナーにとってビジネス的スキルだけでなく，組織の管理能力が問われることとなる。追加的な資源が望めないならば，現在ある組織の管理能力と開発そして改善が何よりも重要である。

第三としては，ソーシャル・アントレプレナーには社会的企業の事業性そのものを高める役割が求められている。社会的企業は外部資金やボランティア色の強い人材に頼って事業展開をしていることが多いことから，その持続性を確保する困難性がある。アメリカには，規制を大きく緩和して，大規模財団のようなセーフティネットが出来る寄付文化・寄付税制が整っている。このような大胆な規制緩和が，わが国にも必要である。特にわが国のソーシャル・アントレプレナーには，わが国独自のソーシャル・イノベーションにための政策課題を考察しながら，事業性を高めることが求められる。

第四に，ソーシャル・アントレプレナーには，社会的企業の業務効率を上げる役割が求められる。ソーシャル・アントレプレナーに注視しフォーカスをあてる時，主にソーシャル・アントレプレナーの個人的特性に焦点が向けられが

ちである。しかし，ソーシャル・アントレプレナーとしての行動やミッションに対応しながら，業務効率を上げ，どのように組織目標を達成するかのノウハウが重要である。ソーシャル・アントレプレナーには，この点，競争環境をどのように考慮して市場競争の結果として利益（便益）を生むかの視点が重要である。

　第五に，ソーシャル・アントレプレナーには，「顧客ニーズや環境変化に対応できる組織」を確立する役割が求められる。寄付金や助成金に頼り，ボランティアや安価な労働力といった流動性の高い人的資源に依存し続けると，これからもこれらをどのように獲得するかという視点にソーシャル・アントレプレナーの眼は向けられがちである。本来，一般企業の経営者は，経営資源を組織内にどのように配分し，蓄積させていくかという点を考えるものである。そして，これらを怠ると，経営環境や顧客ニーズの変化に迅速に対応できなくなる。社会的企業には今後，いかに生産性を上げるために組織能力を向上させるかが最大のポイントである。寄付金や助成金に依存するソーシャル・アントレプレナーの事業では，オペレーションを担う人材はコスト扱いになってしまい，投資として人材を育てようという意識が出てこないことになる。

　第六に，ソーシャル・アントレプレナーには，ガバナンス形態を重視する役割が求められる。ソーシャル・アントレプレナーの活動の多くは，小組織あるいはオーナーを持たないNPOが中心である。そのため，社会的企業を捉える場合，起業家個人と，その活動の枠組みとなる組織との区別が不明確の場合がる。企業組織と考えた場合，基本的に経営と所有の分離は明確にしなければならず，ガバナンス形態についても常に配慮しなければならない。

　以上のように，ソーシャル・アントレプレナーの役割は，経営者としての経営的側面が強いものである。ソーシャル・アントレプレナーは，ビジネス的手法を用いて社会的課題を解決する人たちである。しかし，「どのように」事業を運営していくのかのノウハウが決して，一般企業より明らかになっているわけではない。そもそもソーシャル・アントレプレナーの活動領域は，これまで公的資金が投入されていない分野や，公的資金による補完が行われている分野であるため，事業として成立・継続していくことは簡単ではない。また，外部

への依存が大きいということは，単独で存続することも難しい状態である。ソーシャル・アントレプレナーによる事業を，事業体として成立させるための要因を，今後明確にしていくことが必要である。

第4節　NPOのソーシャル・ビジネス

1．事業計画作成の準備

　ソーシャル・ビジネスを立ち上げるには，まず事業計画の作成から始めることになる。NPOのソーシャル・ビジネスといっても事業の展開は，基本的に営利企業と変わらない。定期的に事業計画に関する会議を開催し，社会問題解決をはかるためのソーシャル・ビジネスを企画していくことになる。具体的にはソーシャル・ビジネスの事業計画書を作成することが作業の内容となる。

　事業計画書を作成するには，まず情報収集が必要である。営利企業の企画会議においては多様なアイディアの収集が前提となるが，ソーシャル・ビジネスについてもこれに相当することが求められる。特に求められるのは，現地の実態であろう。社会問題が生じている現地に赴き，実際に問題に直面している人々の意見を集めることになる。社会問題の把握は観念論では検討できない。現地を踏み，社会問題に関係する多様な当事者の多様な見解を集約することにより，対処すべき問題の核が理解できよう。この核をとらえられればここから事業計画の作成を始めることができる。当該社会問題解決のためにいかなるソリューションが提案できるのか，そしてそのソリューションの事業化可能性の検討に進むことができる。現地の社会問題の状況が十分に汲み上げられていないと見当違いの方向での議論になりかねない。営利企業のマーケティングでまず強調されるのがニーズの把握であることを考えれば現地の要求を反映させることは

ソーシャル・ビジネスにとって決定的に重要である。机上での検討は現地において検証されなければならない。

　現地に入るとは，どういうことだろうか。現地とは，まさに社会問題に苦しむ人々のいるところである。社会問題解決を，期待している人々といってもよいであろう。そこでは，NPOの活動によって改善されるべき事態が進行している。インナーシティで貧困問題に取り組む場合，とにかくインナーシティに赴くことになる。インナーシティの現地で，まず参与観察することになろう。現地の状況が明らかになってきたところで，ボランティアとして活動することによる情報収集を行う。現地で活動しているNPOのスタッフや管轄している官公庁からも情報入手ができるであろう。

　しかし，このような活動が自動的に進行するわけではない。情報の入手は，スムーズにいかないことのほうが多い。現地の人たちが胸襟を開くまでには時間がかかるし，現地で活動している組織も右から左へ情報提供をしてくれるわけではない。情報収集には，相当の努力をすることが必要である。これは，営利企業がマーケット・リサーチにコストをかけることに類似する。このコストは，ソーシャル・ビジネスについての情報収集にあたっても投じられることになる。まず，インナーシティに赴き，現地の人々にインタビューすることになる。実績があるわけではないので，怪しまれることもあろう。拒否されることも多いことが一般的である。拒否されたとしても，また別の人や組織にアプローチする。現地に溶け込む努力には多様な方法があろう。労を惜しまず続けることによって，必ず成果につなげることが可能となろう。

　現地へのアプローチに成功すれば，そこから情報収集していくことになる。インナーシティに関わる多様な人々と情報を交換し，そこにどのような社会問題があるかを探索していく。直接当該問題に関わる人・組織から情報を採ることは言うまでもない。そのような。当事者の周辺に関与する人々から話を聞くことになる。個々人からの情報収集に目途がついた段階で，知り合った人々に集まってもらい，話し合いの場を持つことも有効である。広範ないわばステークホルダーに集合してもらい，自由に議論してもらう。制約のない中での意見交換は実りをもたらすことが多い。テレビ会議システムなども簡単に使えるの

で，必ずしも一箇所に集まることもない。

2. 事業計画を作成する

　ソーシャル・ビジネスの事業計画は，どのように具体化されるのだろうか。現地や行政を含む関係諸機関のリサーチにより，ソリューションの構図を描く。この構想を，事業計画のかたちにしていくことになる。ビジネスである以上は，ペイすることが必要である。営利企業でいうビジネス・モデルが策定されることが必要になる。どこで何を売るかをはっきりさせる。経営戦略の基本的部分である。インナーシティでの貧困問題に対処するためには，失業の現実に突き当たる。そうだとすれば雇用の確保が欠かせない。ではどのように雇用を確保するのか。ビッグ・イシューの発刊も，このような素朴な問題意識から始まっていると考えられる。しかし，雇用はそれを確保しただけで就業につながるわけではない。そこには，一定の職業訓練が不可欠だ。そのようなインナーシティにおける失業者対象の職業訓練ビジネスを想定してみる。

　この素朴な発想を計画化していく。事業計画は具体化されなければ意味がないから，職業訓練システムを立ち上げるためには，具体的プランが描かれなければならない。雇用や職業訓練については多様な規制や制度が存在している。まずこれについて詳細なリサーチを行う。失業者に対する職業訓練は大学のエクステンションセンター等に委託されている等，多様な方策が実施されている。しかし，この対象者となるにはいくつかの条件をクリアーしなければならず，インナーシティにおける失業者がこれに該当すること自体が困難である。そこに事業化の機会が想定される可能性がある。

　この事業化の構想をモデル化していく。もちろん，これは完成形ではなく，あくまで検討の対象である。このモデルを修正していくことによってフィージビリティを高めていく。思いつき自体そのものは，ビジネス・モデルたりえない。修正に修正を加え，他の人にもこれを検討してもらう。複眼的な検討が具体化へと近づけることになろう。当該分野の専門家，当該問題の当事者等にチェックしてもらうことを積み重ねていくのである。仮説—検証—反証を繰り返

していくことは，科学理論の形成と基本的に変わるところはない。ポパーのいうピースミール，つまり漸進主義はここでもあてはまる。

　このようなことを繰り返して事業計画書の作成を目指すことになる。ソーシャル・ビジネスのモデルとおぼしきものが明確化した段階で，ソーシャル・ビジネスの事業計画が打ち出されることになる。

　事業計画といってもそれほど特殊なものではない。いかなるビジネスにおいても必ず作成されるものである。ざっくりと大雑把に考えてみよう。まず，想定すべきは対象とする利用者である。ソーシャル・ビジネスの場合，解決すべき社会問題を抱えている人ということになろう。これが決まれば，このような潜在的利用者の数が問題となる。つまり市場規模であるが，これがあまりに小さい場合にはビジネスとして立ち行かないかもしれない。ビジネスが成り立つだけの一定規模が必要とされよう。規模の条件が充足されるとすれば，それがいかなるスキームによって行われるのかが示されなければならない。それがシステム化された場合には，それによって供給されるモノ・サービスの対価を支払う主体の確定が必要である。特にソーシャル・ビジネスの場合には，利用者に負担能力がないことが多いので詳細な検討が求められる。市場に出す以上，競合する対象について見定める。個人であれ組織であれ当該市場への参入状況についてリサーチすることになる。市場競争を前提とすれば，そこでの差別的優位性を確立していく必要がある。これができなければ価格競争に陥り，そうでなくとも薄い利益がさらに圧縮されてコスト割れとなる危険性もある。

　上記のほかにも組織設計をはじめ多様な問題群に取り組むことになる。そのような諸々を含めて事業計画が完成する。しかし，ここまではいわば机上の空論である。これが実際に機能するかどうかについては，さらに検討と試行がなされる必要がある。

3．ソーシャル・ビジネスの価格政策

　マーケティングの4Pのうち，2番目に来るのはプライスである。価格政策のメインは価格の維持にあるのだが，参入価格の決定ももちろん大きな要素で

ある。ソーシャル・ビジネスでも，提供していくモノやサービスの値段を決めていくことは，企業と同様である。価格の設定は，市場化にあたって決定的に重要である。営利企業の場合，市場導入の段階で初期投資をできるだけ回収しようとするクリーム・スキミングか，将来コストが下がった段階の低価格を予めつけてしまう浸透価格政策が採られることが多い。しかし，これらはNPOがソーシャル・ビジネスを遂行する上では必ずしも適切なものではない。すべての製品には価格があり，マーケティング論上は，製品政策は価格政策なしには完結しない。価格政策はマーケティング政策のなかで独自の役割を担っている。これはソーシャル・ビジネスにおいても該当する。マーケティングにおける価格政策は2つである。すなわち，価格設定政策と価格維持政策である。

　製品価格は，個々のNPOの内部的な事情ばかりでなく，市場における競争状態や，消費者の知覚や感情など，多様な外部要素が加味され，決定される。基本的には，(1)コスト志向価格設定政策，(2)競争志向価格設定政策，(3)消費者志向価格設定政策の3つに分類される。もとより実際の設定にあたってはこれらの複合となることが多い。

　コスト志向価格設定政策においては，コスト（費用，原価）を基礎として製品価格を設定するという考え方をとる。最も単純なコスト志向価格設定政策では，製品1個当たりの原価に一定額または一定率のマージン（粗利益）ないしマークアップ（値入れ）を加えて製品の販売価格とする方法となる。これはコスト・プラス法とよばれる。NPO活動の費用には様々な種類があり，必ずしも単純ではない。①製造原価：材料費，労務費，経費（減価償却費，修繕費など），②販売費（営業費）：営業部員の給料，広告宣伝費，発送費，保管費など，③一般管理費：役員・管理部門の事務職員の給料，事務消耗品費等がある。また販売費と一般管理費については，期間原価とみなされることが一般的である。NPOにおいても製造原価のみを個々の製品の費用（製品原価）としてマージン（粗利益）を加算することになる。

　NPOでも企業と同様に，投下資本収益率（ROI：投資総額に対して利益が何％か決める方法）などにより，予め得るべき利益を決定し，これを目標とすることがある。つまり，目標利益を設定し，これによって利益管理をはかると

いうものである。利益管理の基本的考え方は，収益から目標利益をひいたものを許容費用とする，というものである。コスト割れを避けるために，価格設定は損益分岐点分析により行うことが一般的である。コスト分析は不可欠の要素であるが，製品をとりまく競争の状態が考慮されなければならないのは当然である。

競争企業，もしくは NPO による同種の製品が付している価格に追随して，同じ価格を付けることが通常よく行われている。これを現行価格設定法，もしくは追随価格設定法とよんでいる。談合は違法であるので，業界の知恵として価格競争を回避して，非価格競争に持ち込もうとする政策がとられる。

価格設定に際して，消費者の様々な心理的・主観的要素が考慮に入れられる。これはソーシャル・ビジネスにおいても重視されている。いわゆるバリュー志向価格設定がそれにあたる。製品価格を，コスト計算からではなく，消費者が知覚する製品の「価値（バリュー）」から始めるというものである。企業が標榜する「バリュー・プライス」は価値（バリュー）に製品の価格をあわせるように価格を削減することで，企業側の意図としては，低価格・高付加価値を含意している。ソーシャル・プロダクトの提供においても消費者志向価格設定政策に沿った価格政策が採られることが望ましい。

4. ソーシャル・ビジネスのプロモーション

事業計画が整い，それに従った経営資源の手当が終わったところで，ようやく市場参入の運びとなる。市場参入にあたって不可欠なのは，提供できるソーシャル・プロダクトを潜在的利用者に認知してもらわなければならない。大企業のマーケティングではこの段階で大量のプロモーションを行う。すなわち広告宣伝を打ち，セールスマンを流通各段階に大量投入する，等だ。しかしソーシャル・ビジネスを手掛ける NPO に同様のことが可能となるわけではない。そのようなコストをかけずにプロモーションを行わなければならない。

これは資本に乏しい中小企業でも同じであるが，通常のプロモーションが不可能な場合は報道機関にアプローチすることによってプロモーションを達成し

ようとすることになる。いわばパブリシティ利用ということになるが，特にプレス・リリースが重要である。ソーシャル・ビジネスの場合，通常のビジネスに比べその提供するモノ・サービスには市場性・営利性が乏しいのが実態である。このような厳しい状況下で，プロモーションに役立つのが，プレス・リリースであるといえる。新聞等の報道関係者に対して報告する文書のことをいう。プレス・リリースを行うことによって，新聞・雑誌等の媒体で報道されることになれば強力なプロモーションとなる。

　広告宣伝とは異なり，新聞社等の報道機関スタッフに読んでもらえるような内容でなければならない。媒体に取り上げてもらうということは，媒体に提供するモノ・サービスそのものではないが，媒体に対してプロモーションを行うということになる。相手が報道のプロである以上，それに即した対応が必要となる。まずタイトルが決定的に重要である。これによって取り上げられるか否かが決まってしまうといっても過言ではない。分量が適当であることは前提である。時間のない報道関係者にアピールするためには，簡潔にポイントを押さえたものである必要がある。複数枚となることは避けるべきであろう。

　上で述べたようにタイトルが一番重要である。プレス・リリースは，これに尽きるといってもいいかもしれない。ここしか見ない報道関係者も多い。彼らの印象に残るものでなければ無意味である。媒体に取り上げられる要件は何といっても新奇性である。新奇性の点で強く印象付けられれば，取り上げられる可能性は非常に高くなる。このためには，当該ソーシャル・プロダクトが従来は存在しなかったということを強力に主張することである。これは客観的にそうであるか否かということとは別である。シュンペーターをひくまでもなく，全く新しいものがそもそも存在するのかどうかは考え方に依る。マーケティング論における「新製品」はそれと称する企業の主観的な位置付けであって，客観的に新奇なものであるわけではない。それが客観的であるか否かに関わらず新奇性を前面に打ち出す必要がある。新奇性に乏しい場合にはソーシャル・ビジネスとしての重要性を明確に打ち出すことになる。いずれにせよ，他をもっては替えがたい，ということを強烈にアピールすることになる。

　本文については簡潔かつ明快な記述が基本となる。ソーシャル・ビジネスに

ついて述べる場合，まず当該社会問題を示す。そして，その社会問題が惹起される理由もしくは原因について記述する。最後にこの社会問題を解消する方途を示し，当該ソーシャル・ビジネスの有効性を論ずることになる。タイトルをうまく補足できるような構成が望ましい。

　以上のようなプレス・リリース作成作業が終われば，これを報道機関関係者に見てもらわなければならない。まずは地元の新聞社ということになろう。人的につながりがある場合には，それを利用することもできる。ソーシャル・ビジネスは一般的に地域密着型であるから，地元紙がまずプレス・リリースのプロモーションを行う場となろう。

　地元の新聞社に直接連絡をとることが先決である。できれば知人を介することが望ましい。了解を取り付けたうえでプレス・リリースを送ることになる。朝日・読売・毎日のような全国紙が力を持っているのは大都市圏である。地方では地元新聞社が大きな力を持っている。京都のような大都市でも，全国紙よりも京都新聞がメジャーとなっている。ソーシャル・ビジネスは地元中心の地域的展開が普通であるので，地元紙に取り上げられることは何よりも有効であることが多い。ソーシャル・ビジネスに限らず，およそビジネスは人と人との関係によって担われるので，地元新聞の場合にも人，つまり記者にアプローチすることが有効であろう。アポをとって記者と面談する機会を作るのである。もちろん断られることが多いかもしれないが，プレス・リリースを単に送ることに比べ，面会して手渡すことは桁違いの効果が期待できる。このような展開の可能性を開くためにも日頃の人間関係を大事にする必要がある。つながりがあるかないかが，ソーシャル・ビジネスの成否を左右するかもしれないのである。

　当該ソーシャル・ビジネスに関連する官公庁の記者室も重要である。官公庁に設けられている記者室には，新聞記者等の媒体関係者が詰めている。ソーシャル・ビジネスの場合には，通常，厚生労働省記者室ということになろう。ここでは地元紙対象と違って，記者と直接面談できる機会はまずない。プレス・リリースを送って記者に読んでもらうことになる。

　地元の新聞に人的なつながりが見出せない場合もあろう。そういう場合でも

プロモーションを断念することはない。人を介することが出来なくても当該新聞社の当該部署に直接連絡を試みる。もちろん断られる場合が多いだろうが，面談にこぎつける場合もある。直接会うことに失敗したとしても，多様なコミュニケーション・ツールを用いてプレス・リリースを送付すればよい。

5. 行政にたよる従来型 NPO の問題点

　従来の NPO の活動が，行政による助成によって推進された側面は否めない。実態からみれば，行政の下請けとみられるような状態である。福祉予算等が極度に制約されている現状下では，国内外で一般的ではある。このようなかたちの NPO による業務遂行はどうなのであろうか。本来は公的資金を使って公的機関が遂行すべき事業を，NPO が代替するということになる。予算が潤沢であれば，行政がすべて行うことになる。しかし，予算が不足してくれば従来通りの業務遂行は不可能である。システムを維持し，事業継続をはかるためには NPO および民間企業にアウトソーシングに依存せざるを得ない。

　公が管理する事業であれば，公募が前提となる。NPO であれ民間企業であれ参画するためには応募するということになる。あくまで官公庁の業務スキームに従って当該業務を受注することを目指す。したがって当該事業の要件を充足し，官公庁規定の様式によって公募書類を作成する。これについての書類審査を通過すれば，後は面接等に臨むことになる。すべてパスすれば受託できることとなる。

　既に述べたように，従来型の NPO においては，行政からの受託事業が非常に多い。これは故なきことではない。NPO の経営は民間企業以上に不安定なところが多い。経営安定化をはかろうとどの NPO も腐心している。この点，官公庁予算による受託事業は安定していることが確実である。ビジネスは需要が無ければ成り立たないが，官公庁予算はニーズの有無によって左右されるわけではない。もちろんこれはこれで問題であるが，公共的な事業の場合は市場性の有無にかかわらず遂行しなければならない。もちろん受託側の NPO としては，事業の安定性・継続性からみて十分に意味のあることなのである。行政

から受託しているということは，NPOにとってある種の箔付けにもなる。実績に乏しいNPOの場合，これも大きなポイントである。

　しかし，当然ではあるが，NPOにとってよいことばかりではない。もともと予算が十分でないために，官公庁はアウトソースしているのである。したがって，事業としては成り立たないことも少なくない。特にNPOに外注する場合には，人件費を除外している事例すらある。NPOを安上がりの受託機関としてしかとらえていない証左といえよう。そこまででなくとも，利益が上がるような状態ではないことが一般的である。応募した時点での想定が，受託時点では大きく変わるということも珍しいことではない。経費が膨らみ，受託したことがNPOの経営を圧迫することもある。営利企業のM&Aにおけるデューデリジェンス同様，事前のリサーチを徹底することが求められる。成立しない事業を受託するわけにはいかないことは当然である。

　委託事業は，あくまで官公庁業務の一環であるので，業務の細部にわたって細かく規定されているのが普通である。この点は，通常のビジネスと大きく乖離する。官公庁は規定の業務を地域住民に保証するために，業務主体がNPOであれ営利企業であれ，官公庁が担当していたものと同様の業務を全うしたいということになる。受託したNPOもしくは営利企業は，事業に改善を加え，さらにニーズを汲み上げてよりよいものとしたいと考えるだろう。職業訓練施設の受託をしたとして，通常その開館時間帯は固定されている。しかし，たとえば，パート・アルバイト等の勤務の都合で訓練生が開館時間帯外での訓練希望を出すことは，十分考えられよう。しかし，この希望は訓練生・受託機関の要望があっても受け入れられることはないだろう。官公庁が要求するのは業務の均質性であり，一部の突出は忌避するところだからである。現場の改善提案は，その意欲にもかかわらず否定されてしまう。

　組織を運営していくために，資金をどのように調達していくかは大きな問題である。中小企業の黒字倒産は，実にこの資金運用がうまくいかないことによる。事業自体が黒字であっても，原・材料費や人件費などの支払期限が，入金予定より先に来てしまうことによる。官公庁の受託事業であっても例外ではない。現金支出はあるにもかかわらず，官公庁からの支払いが年度末となる場合，

その間の資金については，手当が必要である。NPO のキャッシュフローは，一般の中小企業と同様かそれ以上に厳しい。支出と入金のギャップが大きくなれば，窮地に追い込まれることになる。こうなったとき，民間金融機関からは難しいが，政府系金融機関からは融資を受けられる可能性がある。官公庁との契約書を担保としてもらえるためだ。

　NPO が受託業務を中心に運営されると，どのような組織風土がもたらされるだろうか。利用者や市場ではなく，官公庁のことだけを意識した下請け機関化がその帰結となるような事例が散見される。ソーシャル・ビジネスとは全く反対の方向で，組織風土が構成される可能性が高い。この組織風土の下では，利用者よりも官公庁の立場に立った業務執行になりがちである。支払いを行うのは利用者ではないことが大きく影響する。また，官公庁業務であるため，リスクをおかしてまで新規事業に参入するということはなくなる。新規事業とまでいわなくとも，官公庁の制約が大きいため事業の改善への意欲も乏しくなる。さらにいえば，そもそも市場に依拠しているわけではないため，ニーズから乖離してもそれが問題だとはとらえなくなってしまう。この点がソーシャル・ビジネスの展開にあたって，最も危険な要素であろう。受託事業依存が進行すれば，その NPO は官公庁の外郭団体になってしまう。

　以上のように受託事業を受け入れることは，ソーシャル・ビジネスを展開しようとする NPO にとって根本的な問題を孕んでいる。では，これを全面的に排除すべきかというと，決してそうではない。受託事業を NPO 業務のメインにすることは避けなければならない。あくまで市場性を有するソーシャル・ビジネスを志向する場合，それを運営の主体とすべきである。受託事業は官公庁の業務スタンダードともいえる。この業務を担当することによって，NPO スタッフの基本訓練も可能である。このようにあくまでも NPO 活動の中では補助的なところに位置付けて受託業務を活用することが，NPO にとっての好結果をもたらすであろう。

―【復習問題】
(1) NPO とはどのような組織か。特に広義の概念と狭義の概念では何が異なるか。
(2) 「ソーシャル・アントレプレナー」の特徴は何か。特に一般企業の起業家との違いは何か。
(3) NPO が直面する問題点は何か。それに対してソーシャル・アントレプレナーの役割はどのようなものか。

<注>
(1) 塚本［2011］p.25。
(2) NPO 研究フォーラム［1999］pp.11-31。
(3) 小川［2012］p.75。
(4) 内閣府 NPO ホームページ。
(5) 勝又・岸［2004］p.121。
(6) 藤井［1999］p.27 。
(7) 内閣府 NPO ホームページ。
(8) 渡辺［2005］。
(9) Dees［2001］p.5。
(10) Waddock and Post［1991］.
(11) 槇［2011］pp.39-40。

<参考文献>
Dees, J.G., J. Emerson and P. Economy［2001］*Enterprising Nonprofit : A Toolkit for Social Enterpreneurs*, Nw York : John Wiley & Sons, INC.
Waddock, S. and J.E. Post［1991］*Social Entrepreneurs and Change*, Public Administration Review, 51:5.
NPO 研究フォーラム［1999］『NPO が拓く新世紀』清文社。
後　房雄［2009］『NPO は公共サービスを担えるか』法律文化社。
小川誠子［2012］「生涯学習と NPO」『日本生涯教育学会年報（33号）』。
勝又壽良・岸　真清［2004］『NGO・NPO と社会開発』同文舘出版。
坂本文武［2004］『NPO の経営』日本経済新聞社。
島田　恒［2005］『NPO という生き方』PHP 新書。
神座保彦［2006］『概論　ソーシャル・ベンチャー』ファーストプレス。
谷本寛治［2006］『ソーシャル・エンタープライズ：社会的企業の台頭』中央経済社。

塚本一郎［2011］「社会的企業：非営利セクターの新モデル」『計画行政（34号）』。
塚本一郎・山岸秀雄［2008］『ソーシャル・エンタープライズ：社会貢献をビジネスにする』丸善。
内閣府 NPO ホームページ＜https://www.npo-homepage.go.jp/＞
羽生正宗［2008］『社会起業 NPO 法人』㈶大蔵財務協会。
藤井敦史［1999］「NPO 概念の再検討：社会的使命を軸とした NPO 把握」『組織科学』Vol.32 No4。
槇加志波［2011］「競争力のある市民セクターの構築─ソーシャル・アントレプレナーの役割─」『計画行政』34（3）。
三宅隆之［2003］『非営利組織のマーケティング：NPO の使命・戦略・貢献・成果』白桃書房。
レスリー・R・クラッチフィールド，ヘザー・マクラウンド・クラント（服部優子 訳）［2012］『世界を変える偉大な NPO の条件』ダイヤモンド社。
渡辺奈々［2005］『チェンジメーカー：社会起業家が世の中を変える』日経 BP 社。

（立原　繁）

第4章
ソーシャル・ビジネス活性化の金融システム

＜本章のねらい＞

▶ ソーシャル・ビジネスは，地域経済の活性化と地域発グローバル化の推進者となる可能性を秘めている。本章は，その活動を支える金融システムのあり方を，新しいコミュニティすなわち共助社会の視点から考察することにする。

▶ ソーシャル・ビジネスには，将来，営利型にまで発展するタイプと非営利型に留まるタイプが存在しているが，立ち上げ期はともかく，補助金や寄付に頼ることなく，銀行借入や出資を活用することで，組織を強化，拡大しようとの動きも見られる。

▶ しかし，実際には，ソーシャル・ビジネスの資金調達は難しい。それを打開する手段として，NPOバンクやNPOサポートローンのように，協同組織金融機関とNPOとの協業が行われるようになっている。また，市民，家計の参加意欲を高めるミニ公募債のような政府主導型ファンドや匿名組合契約，疑似私募債の発行，非営利型株式会社設立の手段を通じて資金を募集する民間ファンドが用いられるようになっている。

▶ これらの新しい資金チャンネルはソーシャル・ビジネスの活性化につながると思われるが，共助社会の主役である家計，市民の預金・投資がソーシャル・ビジネスに向うような金融システムを求めることにする。

キーワード

ソーシャル・ビジネスの型，新しいコミュニティ，共助社会，地方分権，金融改革，高齢世帯の資金運用，協同組織金融機関，NPO，NPOバンク，ミニ公募債（住民参加型ミニ市場公募債），ファンドの設定

第1節　ソーシャル・ビジネスとコミュニティ

1. ソーシャル・ビジネスの型

　低迷していた日本経済が，株高，円安を引き出したアベノミクスによって復活のきざしを見せ始めたかのごとくである。しかし，それが金融経済を活性化させたとしても，実体経済の復活に結び付くとは限らない。1990年のバブル崩壊以後，アジア通貨危機，サブプライムローン問題，さらに欧州通貨危機，中国の不動産バブルのような苦い危険を繰り返す危険性すらあり得る。

　バブルの発生を避け雇用と所得を高める方策は，家計の貯蓄を実物投資に振り向け，国内経済を活性化するとともに，海外とりわけ東アジア諸国でのグローバル展開であると思われる。すなわち，地域に密着した産業の興隆とその海外展開が，今後の日本経済の鍵を握ることになりそうである。本章は，地域密着型事業であるコミュニティ・ビジネス，中でもソーシャル・ビジネスに着目して，その成長を支える金融システムを考察することにする。

　これまで，医療・介護，子育て・教育，環境事業によって代表されるソーシャル・ビジネスは，もっぱら非営利型事業とみなされがちであった。同じように地域に密着したベンチャー・ビジネスや中小企業，マイクロ・ビジネス（零細企業），農業などの営利型事業と異なって，せいぜい組織を維持する程度の営利の追求に留めて，様々な社会的課題を解決するのがソーシャル・ビジネスであると考えられてきた。

　しかし，立ち上げ期こそ，非営利事業であっても，その業務が多様化するのにつれて，企業の社会的責任（CSR），社会的責任投資（SRI）や低所得層を対象とするBOPビジネスなどの営利事業が行う社会的な事業と境界線を引くの

が難しくなってきた。[1]

　ちなみに，ソーシャル・ビジネスを推進する社会的企業家（ソーシャル・アントレプレナー）は，①小規模であっても創造性に富む組織を作ること，②連携を重んじること，③地元住民だけでなく海外諸国の住民もステークホルダー（利害関係者）とみなすこと，④事業を長期的な視点からみること，⑤継続的にイノベーションに取り組む革新性を特徴としている。

　それゆえ，ソーシャル・ビジネスは，「社会性」「事業性」「革新性」の3つの条件を満たす企業のことであると定義されるようになっている。慈善活動と商業活動の双方を併せ持った形態であって，コミュニティを元気にする地域活動の中で，市場性のある事業として，コミュニティを活性化する役割を果たしているとも言える。

　さらに，経済産業省ソーシャル・ビジネス推進研究会の報告書によれば[2]，ソーシャル・ビジネスそのものも対価収入積極獲得型と非営利資源積極獲得型の2つのタイプに分けられる。対価収入積極獲得型のソーシャル・ビジネスとは，地域資源を活用して高付加価値商品の開発を行って販売し，地域コミュニティの形成や雇用創出につなげるようなビジネスのことである。仮に立ち上げ期こそ補助や助成に頼るとしても，最終的にいかに事業収入をあげるかがポイントになる。

　これに対して，非営利資源積極獲得型のソーシャル・ビジネスは社会的に不利な立場にある人々にサービスを提供するケースや，受益者が特定できない環境問題等に対応するケースを対象とするものである。すなわち，受益者から直接対価を得ることが難しいので，補助金，助成金，寄付金を獲得するとともに有償労働だけでなく，無償労働（ボランティア）等の非営利資源も活用しながら，事業を継続していくことになる。

　しかし，補助金，助成金に頼るよりも，自ら収益を獲得しようとの考え方が強まる中で，地域の安全防犯活動，環境防犯活動，環境保全などの業務に携わる非営利資源積極獲得型のソーシャル・ビジネスも，少なくとも組織を維持するだけの収入の獲得を目指すようになっている。また，対価収入積極獲得型の場合，観光資源の振興や特産品の普及によって収益の獲得を目指すが，地域コ

図表4-1　コミュニティ・ビジネスとソーシャル・ビジネス

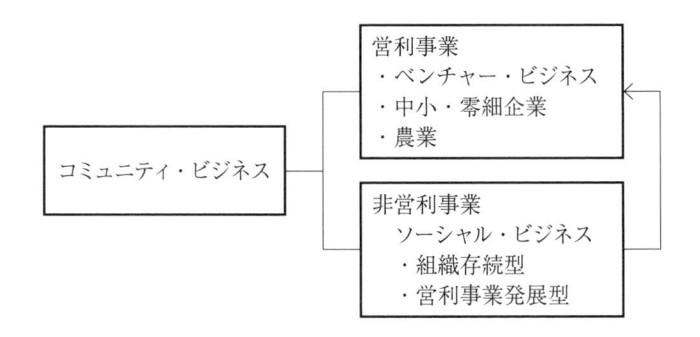

```
                    ┌─────────────────────────┐
                    │ 営利事業                │
                    │  ・ベンチャー・ビジネス  │←┐
                    │  ・中小・零細企業       │ │
              ┌─────│  ・農業                 │ │
┌──────────┐  │     └─────────────────────────┘ │
│コミュニティ│──┤                                │
│・ビジネス  │  │     ┌─────────────────────────┐ │
└──────────┘  │     │ 非営利事業              │ │
              └─────│  ソーシャル・ビジネス   │←┘
                    │   ・組織存続型          │
                    │   ・営利事業発展型      │
                    └─────────────────────────┘
```

（出所）著者作成。

ミュニティの形成や雇用を創出する活動を行っている。

　上述のことから，コミュニティ・ビジネス，ソーシャル・ビジネス，ベンチャー・ビジネスなど立ち上げ期に地域経済との関係が深い小規模事業の関係を，図表4-1のように表すことができよう。ソーシャル・ビジネスだけではなく，営利事業ではあっても社会貢献の意志をも合わせ有するベンチャー・ビジネス，中小企業，マイクロ・ビジネス（零細企業），農業もコミュニティ・ビジネスの一翼を担っている。ここでは，コミュニティ・ビジネスとソーシャル・ビジネスの呼び方を，立ち上げ期に営利を目的とした事業であったのか，非営利事業であったのかによって，コミュニティ・ビジネスとソーシャル・ビジネスに区別することにする。言い換えると，コミュニティ・ビジネスは，地域をベースにして成長を遂げると予想されるソーシャル・ビジネスとベンチャー・ビジネス，中小企業，農業などの小規模事業を統合した広い概念とあると考えることにする。しかし，大企業が，戦略的にソーシャル・ビジネスに取り組んだりする場合でもコミュニティとのかかわりが時に認められないケース，またスタート時に特に地域とかかわりを持たない小規模事業はコミュニティ・ビジネスやソーシャル・ビジネスと呼称しないことにする。

　ところで，地域の概念に関しても，新しいコミュニティという考え方が登場している。地域産業の存続に危機感を持つ中小企業が，公共的な精神の下で，

地域産業再生を目指す「新たなコミュニティ」を誕生させるケースが，その一例である。柴山［2011］によれば，「新たなコミュニティ」とは，①地域産業の先行きに危機感を持った地元の企業家，地域の有力企業をリタイアした人，域外から新たな発想を持ち込む人など多様な人々が参加するなど，地域の住民以外にも開かれたオープンなコミュニティであること，②危機感の共有から生まれる共感によってメンバーが自立的につながるコミュニティであること，③公共的なマインドと手弁当の精神に支えられた自立的な秩序を備えたコミュニティであること，④自立的なつながりのもとで，メンバーの個性が最大限発揮されるコミュニティであること，⑤多様なメンバー相互の活動の中で進化していくコミュニティであることなどの特徴を有している。

新たなコミュニティが生まれてきた背景には，多くの地域産業が輸出産地として発展してきたが，輸出競争力の低下と需要規模の減少に伴って，これまで産地で培われてきた集積構造や産地問屋を要としてきた分業構造が困難になったことがあげられる。その対応策として，長年の間に蓄積されてきた技術，設備，技能を土台として，新たな特性を見出しまた活用する試みが行われるようになっている。この流れの中で，窯元や産地問屋が共同して製品を開発した有田焼のケース，他社の製造を請け負う OEM から脱して地域ブランドの構築や眼鏡フレーム以外の製品開発を行った鯖江眼鏡フレーム，福祉家具や大川ブランドを構築した大川家具，燕と三条が一体になった燕三条の事例が見られるようになっている。

これらは，人々の新たなつながりが新しい製品を生み出すのに成功したケースであるが，たとえば，有田の「究極のラーメン鉢」は，バブル崩壊後，佐賀県陶磁器工業協同組合青年部の有志の窯元14軒が立ち上がって，一般家庭向けに開発した食器である。従来の業務用食器に代えて家庭用食器を生み出した新しいコンセプトは，複数の窯元が技術やノウハウを持ち寄ることで実現したが，新たなコミュニティのあり方を示している。

新たなコミュニティは，もちろん，ソーシャル・ビジネスの土台となる概念であるが，企業と企業，人と人の自主的な結び付きから生まれる概念であって，「まちおこし」とも呼ばれる活動や新製品や新市場の開拓を目指す場になる。

すなわち，新規事業は，営利事業だけでなく，それを生み出す「場所」のような機能を果たすことに特徴がある。従来，企業の収益は連携組織間で分配されるが，新たなコミュニティでは，収益は私的に分配されない外部経済的な効果を果たすことになる。外部経済効果を有するだけに，地域住民や企業家の自主的，自立的な結び付きであるコミュニティであっても，補助金のような公的支援によって補完される必要があるとの考え方があることも確かである。

しかし，新たなコミュニティはそこで生じた収益を占有できないオープンな構造すなわち外部経済効果を有することに特徴があるとしても，活動の継続性を維持する財政的基盤づくり，そのための安定した収入の確保が重要になることも否定できない。

営利事業に結び付く経路には，①偶然性を伴いながら営利事業に結び付いたケース，②当初から営利事業を目的として立ち上げられたケース，③公的機関が主導するケースがある。このうち，1) 偶然性を伴うケースとして，テレビ出演を機会に地域の経営者の熱意が偶然にヒット商品を生み出した有田の「究極のラーメン鉢」の例を挙げることができる。また，2) 当初から営利事業を目的とした「至高の焼酎グラス」の事例に着目できる。この焼酎グラスは，有田焼の高い品質を維持しながら，一般消費者の手に届く商品として開発され，大ヒット商品になった。さらに，3) 公的機関が主導するケースとして，大分市と別府市の「ハットウ・オンパク」の事例を挙げることができる。活動が事業性を帯びるのにしたがって，継続性を維持する資金が必要になったとき，手弁当の精神を土台にしながらも，補助金を獲得するため，経営者がリーダー的な役割を果たしたことで知られている。

農業も，コミュニティ・ビジネスの一例であると考えることができる。「6次産業化・地産地消法」は新事業の創出と地産地消の推進の2つの目標を遂行することによって，雇用と所得の拡大を実現しようとしている。しかし，産業型とコミュニティ型の2つのタイプが存在している。[4]前者は需要者である川下の企業との垂直的統合・多様化を目指すものであって，大規模生産地に適した6次化であると考えられる。対照的に，後者は地域の連携を土台にして地域の個性を活用して需要を創出するが，小規模生産向けのものである。

コミュニティ型の6次化は，地域循環や地産地消，関連産業への波及効果も見込めるので，長期，安定的な利益を地域にもたらすのとともに，高い地域住民の参加度が地域活性化に対して大きなインパクトを与える。加えて，農産物を市場に供給する以前に生産基盤を構築する使命を帯びているとも言える。しかし，そこで育った農産物が，世界に雄飛する可能性を秘めている。

2. ソーシャル・ビジネスの潜在力

　スタート時点において営利事業であるのかどうかを別にして，ソーシャル・ビジネスが，様々な参加者の協業によって，飛躍的に生産を拡大する可能性に着目することができよう。その理由は供給サイドと需要サイド双方に求められる。前述の農業の事例も，ある一定の地域で生活する人々の連帯によって結ばれた人間社会であるコミュニティの役割を示唆していた。しかし，ここでは，介護サービスの事例から，コミュニティとそれを土台とするソーシャル・ビジネスの可能性と問題点を考えることにする。

　介護を家族で行う場合，そこに携わる全員の情報を互いに詳細に把握しているため，意思伝達のコストを低く抑え，また介護に要する用具なども効率的に使用することができる。まさしく，これが，コミュニティの供給面のプラス効果であるが，需要面でも高齢化社会の進展につれ介護サービスの必要性は増すばかりである。そうであれば，やがて，地域を土台とする事業へと育つだけでなく，地域と地域を結ぶ形で，海外への進出も行われる可能性を秘めている。

　言い換えると，ソーシャル・ビジネスに関して，絶えざる需要が見込める一方で，低い固定費に加えて，情報の非対称性が緩和され，さらに技術革新が生じやすいという供給面の効果が発揮される。それゆえ，顔見知りの参加者が増加するのにつれて，飛躍的に介護サービスを増やしていく収穫逓増現象を実現することになる。

　この状況を，図表4-2によって確かめてみよう。縦軸は介護サービスを，横軸は介護サービスに携わる労働力，資金，技術など生産要素の投入物を表す。

　A点はサービスの供給が始まった段階であって，A'点まではそれほどサー

図表4-2　ソーシャル・ビジネスの成長曲線

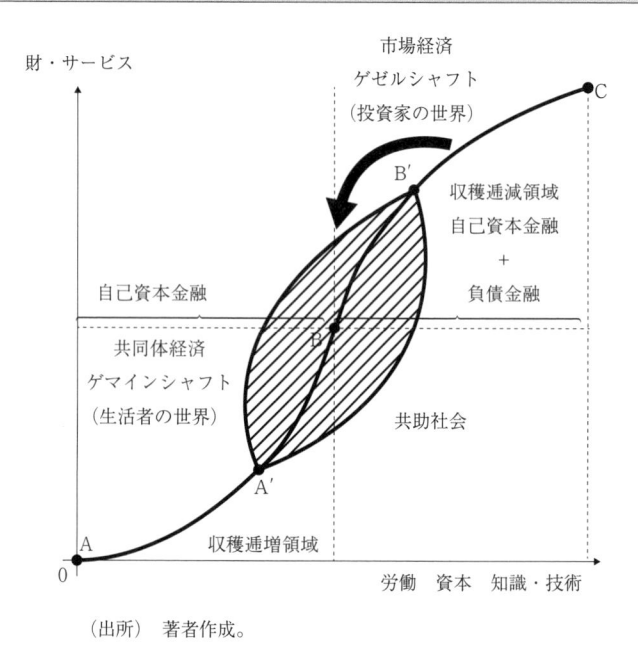

（縦軸）財・サービス
（横軸）労働　資本　知識・技術

- 市場経済　ゲゼルシャフト（投資家の世界）
- 共同体経済　ゲマインシャフト（生活者の世界）
- 自己資本金融
- 収穫逓減領域　自己資本金融　＋　負債金融
- 共助社会
- 収穫逓増領域
- A、A′、B、B′、C

（出所）著者作成。

ビスの供給が増加するわけではない。しかし，A′点でコミュニティでの人々の連携，工夫による技術の改善が行われるようになり，B 点まで供給量がサービスの供給に必要な労働力，資金，技術の改善に要する経費以上にサービス量が急速に増えることになる。これが収穫逓増領域であるが，本格的なサービスの提供が行われていない状況を表す A 点〜 A′点の領域を合わせた A 点から B 点の段階は，ゲマインシャフトすなわち共同体経済の領域である。[5]

しかし，さらに，規模が大きくなって共同体経済（ゲマインシャフト）が必要とする量を超えたサービスを提供できるようになると，余剰分を販売するゲゼルシャフトすなわち市場経済を表す B 点から C 点までの領域での販売が可能になる。しかし，介護資材の購入，給料の支払い，経営組織の改善など様々な技術の改善コストを要する割には介護サービス量が増加しない収穫逓減領域でもある。このうち，B 点〜 B′点はゲゼルシャフトすなわち市場経済の領域

ではあるが，収穫逓減の程度は小さい。しかし，供給がさらに拡大してB′点を超えると，収穫逓減の程度は大きくなり，やがてバブル点Cに到達することになる。介護サービスの供給という実体経済での行動から離れて，不動産・株式投資を特に負債金融に依存しながら行うようになると，キャッシュフロー（資金繰り）を急速に悪化させ，また収穫逓減現象を強め，バブル点への到達を早めることになる。

介護サービスの例が示唆するように，ソーシャル・ビジネスを対象とする場合も，共同体経済（ゲマインシャフト）内の収穫逓増領域と市場経済（ゲゼルシャフト）内の収穫逓減の程度が小さな領域によって構成されるA′点～B′点が重視されることになる。この領域が先に取り上げた新しいコミュニティに他ならないが，B点に立つ家計は，共同体経済と市場経済双方で活動することによって，コミュニティの主役を演じることになる。

本章では，この新しいコミュニティのことを共助社会と呼ぶことにする。家計と企業による民間活力すなわち自助とそれを補完する政府の機能すなわち公助に期待するだけでなく，市民を主役として，家計，企業，NPO，NGO，投資事業組合，地域金融機関，地方政府などあらゆる組織が，地域の活性化に取り組む協業すなわち共助を実践する場であるからである。

これまで，コミュニティ，共助社会の領域を超えたB′～C点の領域では，収穫逓減現象が高まるものとされてきたが，市場経済においても安定した需要が存在する限り，生産規模の増大につれて生産費用が高騰することはなく，収穫逓増の可能性が存在するはずである。しかし，実物資産に比べて金融資産が大幅に増加，あるいは負債に依存する投資行動がとられるような場合，生産コストが高まり，収穫逓減経路をたどるものと思われる。さらに，生産活動だけでなく，負債に依存した投機活動が行われるようになると，レバレッジ効果を通じて，収穫逓減現象が一層強まることになる。そして，資金の流失が流入を超えるようになると，バブル点に到達することになる。

この状況は，営利型の小規模事業が主に自己資金を，またソーシャル・ビジネスが寄付金と自己資金を資金源とするなど，負債金融に依存することがなく，収穫逓増の一因となっているのと対照的である。そこで，市場経済の拡大が負

債に依存し，収穫逓減の程度を強める場合には，それをどのように修正するかが問われることになる。すなわち，バブル点にまで近づいた投資・投機資金を，共助社会に振り向ける金融システムが構築可能であれば，経済全体の資金効率を上げることができるはずである。たとえば，地方銀行，信用金庫など地域金融機関の仲介や債券の購入を通じて企業や家計の資金がソーシャル・ビジネスに向けられならば，社会全体の経済効率と地域の人々の雇用と所得を高めることができるものと思われる。

第2節　地方分権化，金融改革と家計

1. 地方債発行の背景

コミュニティを土台とするソーシャル・ビジネスに掛かる期待は高まっている。しかし，実際には，コミュニティ・ビジネス特にソーシャル・ビジネスの資金調達は厳しい状況にある。この状況を改善するため，協同組織金融機関を中心にした間接金融タイプの協業と，ファンドの設定を用いた直接金融タイプの協業など，新しい資金チャンネルが構築されつつある。

しかし，新しい資金チャンネルの構築は，地方分権化の動きを抜きにして考えることができない。アベノミクスも製造業の投資マインドを喚起する成長戦略をとっているが，デフレ脱却は地域経済の活性化が前提条件になるものと思われる。というのも，地域の人々の雇用，所得の向上に直接的につながることがなければ，国内需要を押し上げる効果が弱められることになってしまうからである。家計，市民を主役としたコミュニティのネットワークが構築されるようになると，地域に誕生したビジネスが地域に留まらず，全国的なさらにグローバルな展開を行い，各国地域の人々の雇用と所得を高める効果に着目できよう。

地域経済活性化は，2000年の「地方分権一括法」施行によってクローズアップされたが，三位一体改革の本来のねらいは，効率的な小さな政府の実現を目指し，国庫補助金の改革，税源移譲を含む税源配分の見直し，地方交付税の改革を行うことであった。すなわち，「地方にできることは地方に」という方針の下で，2005年までに，4兆円程度の国庫補助負担金改革，3兆円規模を目途とする税源移譲，地方交付税の見直しをめぐる議論が展開されたが，結局，三位一体の改革全体として，国から地方へ3兆円規模の税源移譲が実施されることになった。しかし，移譲額が地方の合意を得られるものではなかったのに加え，中央政府の財政収支状況が地方政府よりも悪かったことから，中央政府の真のねらいは地方交付税の引き下げにあったのではないのかとさえ思われた。

そこで，地方公共団体の自主性および自立性を高めることによって，地方公共団体の自らの判断と責任における行政運営を促進することを基本理念とする「地方分権改革推進法」が2006年12月8日に成立，2007年4月1日に時限法として施行されることになった。同法に基づき，同5月，「地方分権改革推進にあたっての基本的な考え方―地方が主役の国作り―」として，地方分権改革の目指すべき方向性やその推進のための基本原則が示された。すなわち，目指すべき方向性として，①「分権型社会への転換」，②「地方の活力を高め，強い地方を創出」，③「地方の税財政基盤の確立」，④「簡素で効率的な筋肉質の行財政システム」，⑤「自己決定・自己責任，受益と負担の明確化により地方を主役に」が掲げられた。また，基本原則として，①「基礎自治体優先」，②「明快，簡素・効率」，③「自由と責任，自立と連帯」，④「受益と負担の明確化」，⑤「透明性の向上と住民本位」の5つが示された。

その後，2009年以降，活力ある地域社会の形成と地域主権型社会の構築を目指して，地域力を創造する目的の下で，「緑の分権改革」などへの支援が行われている。緑の分権改革とは，豊かな自然環境，再生可能なクリーンエネルギー，安全で豊富な食料，歴史文化遺産などの地域資源を最大限活用する仕組みを，地方公共団体と市民，NPO等の協働，連携を通して創り上げ，地域の活性化，絆の再生を図ることにより，地域から人材，資金が流出する中央集権型の社会構造を分散自立・地産地消・低酸素型に転換し，地域の自給力と創富力を高め

る地域主権型社会を構築しようとする取組みである。

　さらに，2013年1月11日に閣議決定された「緊急経済対策」において，地域経済の活性化施策が打ち出されたが，その流れの中で，同年2月8日，「地域の元気創造本部」が設置され，地域活性化の視点から，成長戦略に取り組む体制が整えられた。そこでの検討課題の1つが，地域経済イノベーションサイクルの全国展開のあり方であるが，地域の資源や資金を結び付けて地域の元気事業の創出を図るイノベーションサイクルを各地で数多く積み重ねることにより，ボトムアップ型の経済成長を目指す試みである。しかし，その事業化には，徹底した調査，ビジネスモデル，適切な資金調達等が必要になるので，これらの取組みへの地方公共団体の関与について，関係省庁が連携し支援の方策を確立する必要があるとしている。

　他方，地方公共団体サイドでも，それぞれ，個性豊かな活力に満ちた地域社会の構築を目指して，ITを活用した住民サービスの向上と地域経済の活性化，災害等に強く安心安全な地域作り等の政策課題に取り組んでいる。

　その財源として，中央政府の地方債に対する取組みも変わってきた。すなわち，地方公共団体の自主性を高めるため，2006年度から，それまでとられていた認可制度に代えて，地方債の円滑な発行の確保，地方財源の保証，地方財政の確保等を目的として，協議制度に移行することになった。

　地方債の構成についても，国の公共事業などには必要な公的資金を確保する一方，地方分権の推進や財政投融資改革の視点から，都道府県と大都市は民間資金による資金調達が重要であるとした。そして，具体的に，①市場公募債を発行していない県においては，市場公募化の推進，②安定的かつ有利な資金調達を行うための共同発行の推奨，③地域住民の行政参加意識の高揚とともに地方債の個人消化および資金調達の多様化を図るための住民参加型ミニ市場公募債（ミニ公募債）の発行が必要であるとした。

　中央政府の要望に対して，地方債の発行額が増加し，また構成も変わってきた。図表4-3のように，地方債の財源は，公的資金と民間資金によって賄われているが，公的資金は政府資金（財政融資資金，郵政公社資金）と公営企業資金（2008年より地方金融機構に改編）から構成されている。また，民間資金は，

図表4-3　地方債発行額（都道府県・指定都市）

(単位：百万円)

	2000年度	2005年度	2010年度	2011年度
政府資金	4,396,012	2,445,576	1,302,135	1,384,249
地方金融機構資金	663,467	661,617	525,772	516,264
民間資金				
市場公募債	2,269,000	4,537,000	5,618,000	4,913,000
共同発行債	──	1,308,000	1,620,000	1,536,000
ミニ公募債	──	312,900	220,500	190,200
銀行等引受	3,424,612	4,594,376	5,634,911	4,521,247
小計	5,693,612	10,572,176	13,093,411	11,160,447
その他	479,686	205,784	28,201	47,901
合　　計	11,232,777	14,065,153	14,949,519	13,108,861

（出所）　地方債協会『地方債月報』各年次版より作成。

市場公募地方債と銀行等引受によって構成される。市場公募地方債には，全国型市場公募地方債（市場公募債（個別債）），共同発行市場公募地方債（共同債），住民参加型ミニ市場公募地方債（ミニ公募債）の３つの型がある。

　地方分権化に沿って，公的資金のシェアを減らす一方，民間資金特に市場公募債を増やす流れが定着しつつあるが，そのねらいは，財政改革の進展に合わせて，市場メカニズムに基づいた資金調達の可能性を高めることにある。このうち，全国型市場公募地方債（市場公募債）は大規模な資金調達を目的として，1952年度から1972年度までは，東京都など３都道府県，５政令都市の８団体によって発行されたが，その後，発行団体が増加している。

　これに比べ，2000年代に入ってから新しく開発されたのが，小型な公募債であるミニ公募債と相対的に大型な共同債である。ミニ公募債は2002年３月に群馬県で発行された「愛県債」が最初であったが，地方債の個人消化および資金調達手段の多様化と住民の行政への参加意識の高揚を目的としている。発足年の発行額は10億円であったが，2008年度に2,649億円，2011年度には1,964億円に増加した。

　また，共同債は公募債の共同発行により，ロットの確保を図り，民間資金調達を安定的かつ有利に行うことを目的として，2003年４月に発行され始めたが，

ペイオフ対策の商品としても拡大している。共同債の発行額は2003年度で8,470億円であったのが，2008年度に1兆2,430億円，2011年度に1兆3,960億円へと増加したように，ベンチマークとして育つ可能性を秘めている。[7]

2. 地域経済重視の金融改革

金融面においても，民間主導型，地域経済重視，個人・投資家重視の改革が試みられてきた。たとえば，2003年の「金融再生プログラム」は不良債権の問題の解決と構造改革を両輪とした経済再生計画であったが，中小企業貸出の拡大とモニタリング体制の整備を重視したものでもあった。その一環として，2003年度および2004年度を対象とした「リレーションシップバンキングの機能強化に関するアクションプログラム（アクションプログラム）」が策定された。このアクションプログラムは中小企業の再生と地域経済の活性化を図ることで，不良債権問題も同時に解決することを目的としていた。

続いて，2003年のりそな銀行への公的資金導入によって不良債権処理のメドが立ち始めたこともあって，2004年12月，金融システムの活力を重視した「金融改革プログラム―金融サービス立国への挑戦―」が策定された。IT化，少子高齢化，グローバル化の環境変化に沿って，持続的成長を可能にする構造改革の一翼を担う金融改革が実施されることになった。その視点は，①民間活力を活用して利用者の利便性を高める制度設計と利用者保護ルールの整備・徹底，②ITの戦略的活用等による金融機関の競争力の強化および金融市場インフラの整備，③国際的に開かれた金融システムの構築と金融行政の国際化，④活力ある地域社会の実現に寄与する金融システムの硬直，⑤市場規律を補完する信頼される金融行政の確立であった。

これら5つの視点は，金融立国という副題が示唆するように，「官」主導ではなく，「民」主導の金融改革の実現を目指すものであった。すなわち，①金融行政は市場規律を補完する審判の役割に徹した金融行政，②不要な規制の撤廃，③利用者保護ルールの徹底という特徴を持っていた。

さらに，この流れの中で，アクションプログラムの遂行を目的とした，「地

域密着型金融の機能強化に関するアクションプログラム（新アクションプログラム）」が策定された。2005年度および2006年度の2年間に，各金融機関に地域密着型金融推進計画を提出，公表また半年ごとに進捗状況を公表させることで，地域密着型金融の一層の推進を図るのが，そのねらいであった。

具体的な政策は，事業再生・中小企業金融の円滑化，経営力の強化，地域の利用者の強化を3つの柱にしていたが，このうち，企業金融に関しては，①産学官のさらなる連携強化，地域におけるベンチャー企業向け業務にかかわる外部機関等との連携強化などの創業・新事業支援機能強化，②中小企業に対するコンサルティング機能，情報提供機能の一層の強化など取引先企業に対する経営相談・支援機能の強化，③地域の中小企業を対象とした事業再生ファンドの組成・活用など事業再生に向けた積極的取組み，④担保・保障に依存しない融資の推進や中小企業の資金調達手法の多様化，⑤顧客への説明態勢の整備，相談苦情処理機能の強化，人材の育成が目標にされることになった。

次に，経営力の強化に関しては，①リスク管理体制の強化，②収益管理態勢の整備と収益力の向上，③ガバナンスの強化，④コンプライアンス態勢の強化，⑤ITの戦略的活用，⑥協同組織中央機関の機能強化，⑦検査・監督体制の強化が実施されることになった。

さらに，地域の利用者の利便性の向上に関しては，①地域貢献等に関する情報開示，②中小企業金融の実態に関するデータ整備，③地域の利用者の満足度を重視した金融機関経営の確立，④地域再生推進のための各種施策との連携等，⑤利用者等の評価に関するアンケート調査が実施されることになった。

地域の資金を地域で活用する考え方は，公的金融機関すなわち郵便局および政府系金融機関の制度改革にも反映されている。「出口改革」と呼ばれる政府系金融機関の制度改革によって，2008年10月，国民金融公庫，農林漁業金融公庫，中小企業金融公庫，国際協力銀行の国際金融業務部門を統合して日本政策金融公庫が設立された（国際協力銀行の海外経済協力部門は独立法人，国際協力機構（JICA）へ統合された）。また，公営企業金融公庫は廃止され，地方自治体の共同出資による地方公営企業等金融機構に移管した。同時に，日本政策投資銀行と商工組合中央金庫は民営化された。

これらの政府系金融機関等は，原則として，各機関が財投機関債を発行することにより直接金融市場から資金を調達するようになった。ただし，調達が困難な政府系金融機関等には政府がそれらの機関への転貸目的で財政融資資金特別会計から財投債を発行して資金を調達することになった。この過程で，郵便貯金と政府系金融機関を仲介していた旧大蔵省資金運用部が廃止されるなど，郵便貯金も郵便局の簡易生命保険も全額自主運用となった。資金運用部から離れたことで，貯金と貸出が直結する可能性が生じたことになる。2008年の改革は，さらに，民間補完を徹底すると共に，入り口（郵便貯金，厚生年金・国民年金）と出口（政府系金融機関，公団，事業団）を分断する目的を持っていた。
　他方，「入り口改革」と呼ばれる郵便局の改革は，まず，2004年4月に郵政事業庁による管理運営から日本郵政公社によって管理運営されるようになった。続いて，2007年10月に郵政民営化が行われ，政府が全株を保有する日本郵政の下に，ゆうちょ銀行，かんぽ生命保険，郵便事業株式会社，郵便局株式会社の4社に分社された。4社の業務のうち，①ゆうちょ銀行は預金，送金，決済と住宅ローンなど個人向け融資を行うが，投資信託，外貨預金など新たな金融商品を揃える経営スタンスに変わった。②かんぽ生命保険は，簡易保険を販売すると共に，変動型年金保険の開発・販売を行うことになった。③郵便局会社は，郵貯・簡保の取り扱いによる手数料収入が収益の柱となるが，自立経営を可能にするための不動産開発に期待が掛かることになった。④郵便事業会社（窓口）は，全国約24,000の郵便局を束ねるネットワーク会社であるが，郵便配達や国際物流の業務の他，金融商品の取り扱いや物品の販売も行うことになった。
　しかし，問題は，郵政民営化がどのように地域経済活性化に貢献するかである。実際には，ゆうちょ銀行発足時点の運用先はほとんどが国債に向けられ，ソーシャル・ビジネスへの貸出に結び付いていなかった。この状況を打開するためには，住宅ローンや投資信託を増やす必要性が生じる。しかし，住宅ローンを増やし資産のバランスを改善しようとしても，民間銀行との競合が予想される中で，民間金融機関側での考え方はまちまちであった。
　たとえば，地方銀行はゆうちょ銀行に対抗するために再編の動きをみせてき

た。しかし，生命保険会社は，かんぽ生命保険に関しては警戒を表明しながらも，郵便局の窓口ネットワークを活用することによって，自社商品のシェアの拡大のチャンスを探ってきた。また，証券会社は，ゆうちょ銀行とともに「個人向け国債」の販売に注力してきたが，今後，証券会社，地域金融機関，ゆうちょ銀行が地方債など地方政府の資金調達の仲介者としての機能を高めることも考えられる。

その可能性は，サブプライムローンの影響を受けた厳しい地方財政の状況にうかがわれる。図表4-3が示していたように，地方債のうち政府資金のシェアが減少するのと対照的に民間資金が占めるシェアが高まっている。このことから，地域の金融機関間の協業の工夫が求められることになる。

3. 高齢世帯の資金運用

厳しい中央政府，地方政府の財政状況に伴って，地域のニーズに応えうる「民」主導の金融システム構築の必要性が強く認識され始めた。地域の再生，活性化の鍵を握る企業支援，それに中小企業，金融機関の経営強化を目的とした市場メカニズム・競争原理の推進と，関係各庁との連携・活用による地域密着型金融の必要性が喫緊の課題になっている。市場型間接金融の色彩が強まり，投資信託の販売量が増える可能性が強まるものと考えられるだけに，地域密着型金融の重要性が増しつつある。

地域での資金還流には，前述のミニ公募債のような直接金融タイプと地域金融機関が仲介する間接金融タイプがある。しかし，今後の金融システムを考える際には，まず，家計の資金がどのように運用されているのかを考えざるをえない。

金融広報中央委員会が実施したアンケート調査によれば[8]，2010年7月時点での1世帯当たり平均貯蓄保有額は11,169万円（中央値は500万円）であったが，ライフ資金，準備資金，利殖資金として保有されている。

これらの資金のうち，まず，ライフ資金とは，結婚，出産，子供の入学，子供の受験・進学，子供の結婚，住宅購入・増改築，定年，年金支給開始，配偶

者の年金支給開始というイベントとライフプランに基づいて準備される資金のことである。この目的を実現するために，元本の保証，金融機関の信頼性などの安全性を基準とした貯蓄が行われることになる。

次に，準備資金とは，病気・災害への備え，旅行・レジャー資金，耐久消費財の購入資金，突発的な支出への備え，納税準備資金のことであるが，支出のタイミングが計りにくい。そのため，将来の不確実性に備えていつでも一定額の貯蓄を行うが，その基準となるのが流動性（現金にかえやすいこと）である。

ライフ資金と準備資金のほかに，家計は利殖を目的とした貯蓄も行うが，その基準となるのが収益性である。

これらの目的を実現するため，家計は所得のほぼ4分の1ほどを貯蓄するなど，消費と貯蓄の合理的な配分を行っている。それが蓄積したものが正味資産であるが，それと住宅ローンや消費者信用（金融負債）を資金の源泉として，住宅・建物などの実物資産と，通貨・預貯金および非通貨性資産（債券，株式，生命保険持分）などの金融資産を保有している。

しかも，貯蓄と消費行動を説明するライフサイクル（life cycle）理論によって明らかにされているように，家計は一生の消費計画に基づいて，現在だけでなく将来の消費をも高めることを目標においている。たとえば，大学卒業後定年までの約40年間の総所得を想定し，現在の生活を享受するとともに，教育費，住宅の購入，老後の生活費など将来の支払いに備え貯蓄を行っている。しかし，これらの支払いに必要な貯蓄目標額が大きいほど，贈与，遺産相続などの一時的な収入がない限り，毎年の貯蓄額を大きくする必要がある。目標貯蓄額は，高齢化が進むほど，また持ち家志向が高いほど高くなるが，負担を軽くするためには，就労期間を延長することによって貯蓄を続ける計画期間を長くする工夫が必要になる。

ところが，日本の家計の貯蓄率は，図表4-4のように，総貯蓄率も家計貯蓄率も低下している。総貯蓄率が国内総生産に占める総貯蓄の割合を示すのに対して，家計貯蓄率は手元に残る資金量の割合すなわち黒字率を示している。日本の家計の総貯蓄率は米国より高いものの，家計貯蓄率が急落して，2004年を境に米国のそれよりも低くなっている。その背景に，年金基金と所得の伸び悩

図表4-4　日本と米国の家計の貯蓄率

(単位：%)

	総貯蓄率		家計貯蓄率	
	日本	米国	日本	米国
1995年	29.3	16.0	12.6	5.2
2000	26.9	17.8	8.7	2.9
2005	25.1	14.8	1.4	1.5
2006	25.6	16.0	1.1	2.6
2007	26.5	14.1	0.9	2.4
2008	24.9	12.8	0.4	5.4
2009	21.4	10.8	2.4	5.1
2010	22.3	11.9	2.1	5.3

(注)　総貯蓄率＝家計貯蓄／（家計可処分所得＋年金基金年金準備金の変動（受取））
　　　家計貯蓄＝家計可処分所得＋年金基金・年金準備金の変動（受取）－消費支出。
(出所)　金融広報中央委員会ホームページより抜粋。

みがあるものと思われる。

　厳しい状況にある家計ではあるが，その資産構成（2013年6月末）は間接金融タイプの特徴を示している。すなわち，現金・預金54.1%，保険・年金準備金27.3%，株式・出資金8.1%，投資信託4.5%，債券2.0%，その他計4.1%の構成になっている。米国の家計と比べるとその特徴が明らかになる。米国の家計の場合，株式・出資金32.1%と債券8.7%を合わせて40.8%を占めている。投資信託も日本の倍以上の11.1%であるので，これらを合わせて51.9%を占めることになる。保険・年金準備金は日本の家計と同水準の32.1%であるが，現金・預金は13.0%を占めるのにすぎない。[9]

　米国の家計と比べて有価証券保有比率の低い日本の家計ではあるが，年代別の保有状況は大きく異なっている。世帯主の年齢階層別の貯蓄額と負債を表す図表4-5のように，60歳代および70歳代の高年齢階層ほど貯蓄額が多くなっている。ちなみに，30歳未満の世帯の貯蓄額271万円に比べて，60歳代および70歳代以上の世帯の貯蓄額は，それぞれ，2,314万円，2,253万円である。2010年時点で，全世帯の45.2%にあたる60歳以上の世帯が貯蓄額の62.4%を占めている。

　しかも，貯蓄から負債を除いた純貯蓄額を見てみると，高齢世帯と若年およ

図表4-5　世帯主の年齢階層別貯蓄および負債の1世帯当たり現在高（2010年）

(単位：万円)

	平均	～29歳	30～39	40～49	50～59	60～69	70歳～
年間収入	616	453	573	727	796	562	456
貯蓄	1,657	271	631	1,082	1,660	2,314	2,253
金融機関	1,610	257	592	1,014	1,583	2,274	2,232
	(97.2)	(94.8)	(93.8)	(93.7)	(95.4)	(98.3)	(99.1)
通貨性預貯金	311	113	203	230	291	407	384
	(18.8)	(41.7)	(32.2)	(21.3)	(17.5)	(17.6)	(17.0)
定期性預貯金	707	87	205	375	627	1,058	1,078
	(42.7)	(32.1)	(32.5)	(34.7)	(37.8)	(45.7)	(47.8)
生命保険など	380	39	145	320	495	484	399
	(22.9)	(14.4)	(23.0)	(29.6)	(29.8)	(20.9)	(17.7)
有価証券	213	18	39	89	170	325	371
	(12.7)	(6.6)	(6.2)	(8.2)	(10.2)	(14.0)	(16.5)
金融機関外	48	13	39	68	77	39	21
	(2.9)	(4.8)	(6.2)	(6.3)	(4.6)	(1.7)	(0.9)
負債	489	319	857	940	551	221	108
住宅・土地のための負債	431	281	814	865	452	170	83
	(88.1)	(88.1)	(95.0)	(92.0)	(82.0)	(77.0)	(76.9)
住宅・土地以外の負債	42	23	21	50	76	40	20
	(8.6)	(7.2)	(2.5)	(5.3)	(13.8)	(18.1)	(18.5)
月賦・年賦	16	15	21	24	23	10	5
	(3.3)	(4.7)	(2.5)	(2.6)	(4.2)	(4.5)	(4.6)

(注)　括弧内の数字は，貯蓄と負債のそれぞれの構成比（％）。
(出所)　総務省統計局ホームページ「家計調査報告」から抜粋，作成した。

び中堅世帯の格差が拡大することになる。[10]負債はほとんど住宅・土地取得のためであるが，その現在高に関して，高齢世帯特に70歳代は108万円と，最も負債額が大きな40歳代の940万円はじめ他の世帯と比べ，負債が小さなことがわかる。その結果，2009年時点の純貯蓄額は，それが最も大きな70歳代が1,942万円であったのに対して，40歳代は75万円，30歳代に至っては，267万円の赤字であった。

　世代間の差異は，貯蓄額の違いだけでなく，保有する金融商品の構成にもみられる。60歳代と70歳代の高齢世帯は，若年および中堅世帯と比べて，有価証券（株式，株式投資信託，貸付信託・金銭信託，債券・公社債投資信託）保有比率が高い。ちなみに，30歳代，40歳代のそれが，それぞれ，6.2%，8.2%で

あったのに比べ，60歳代のそれは14.0%，70歳代以上の世帯ではこの傾向がさらに強まり，16.5%となっている。

　しかし，最近，高齢世帯の貯蓄にも問題が生じている。若年・中堅世帯に比べて，高齢世帯の有価証券保有比率が高いことは高いこと変わりはないが，伸び悩んでいることがわかる。また，純貯蓄額も，60歳代のそれは，ピークであった1999年の1,977万円から2009年の1,853万円に下がっている。同様に，同期間の70歳代のそれも，2,095万円から1,942万円に減少している。

　しかも，高齢者の日々の生活が厳しいこと，しかも，高齢世帯間の格差が大きなことも課題である。その克服策が必要になるが，まず，高齢者の実収入が消費生活を賄えず，また不足分のほとんどを公的年金に依存せざるを得ないことに着目したい。生命保険文化センターの高齢者の「生活保障に関する調査（2010年対象，複数回答）」によれば，世帯主が60歳以上の無職世帯（2人以上の世帯）の1カ月間の生活は，実収入21万8,388円，可処分所得が18万7,385円，消費支出が24万5,870円なので，不足分が5万8,485円という状態であった。しかも，実収入の85%に当たる18万7,592円を公的年金などの社会保障給付に依存している。しかし，同センターの「公的年金で老後の生活費は大部分賄える?」のアンケート調査に対して，60歳代の回答者は20歳代〜50歳代までの回答者よりは楽観的であるが，それでも「あまり思わない」と「まったくそうは思わない」を合わせて66.1%と，公的年金に対して懐疑的である。

　そのため，私的準備が必要になる。同センターの「老後保障に対する私的準備状況」調査によれば，60歳代の68%の人が老後の準備を行っている。その内訳は，預貯金52.8%，個人年金保険・変額個人年金保険や生命保険39.7%，有価証券11.9%，損保の年金型商品9.1%，その他1.9%である。年代を問わない平均的な回答では，預貯金のシェアが42.6%，損保の年金型商品8.0%，有価証券のそれが6.1%であることから，高齢者が特に有価証券を重視していることを確認できる。

　次に，高齢者間の格差に触れざるを得ない。2010年時点の貯蓄現在高は中央値1,563万円，平均値2,286万円であるが，200万円以下の世帯が9.8%，800万円未満の世帯が31.4%に上る一方で，2,500万円以上の世帯が32.2%，4,000万円以

上の世帯が16.5%にも上るなど,高齢者間の格差が大きなことも課題である。

このことから,高齢世帯と言っても,貯蓄額が小さな世帯と大きな世帯に分ける必要があることがわかる。高齢世帯のうち貯蓄が少ない世帯には特に公的年金が不可欠な手段になる。他方,貯蓄額が大きな世帯に対しては,資金運用効率を高める金融・資本市場の整備が必要であると考えることができる。

しかし,高齢化社会での公的資金の支払い可能性と資金運用の効率を高める条件は,経済効率の改善に他ならない。経済効率を資本収益率で表示することができるが,2つの方法で高めることができよう。第1に,資本生産性か資本分配率のいずれかあるいは双方を高めることで資本収益率を高めることができようが,資本生産性を高める有力な手段は技術革新であり,また資本分配率を高める手段はITを活用する経営戦略である。第2に,現存の資本ストックに対して,キャッシュフローを高めることすなわち資本の回転を速めることで資本収益率を高めることができる。

これらの要件を満たすのは,本来,存在しているはずの収穫逓増の領域を開花させるか,収穫逓減の程度を低めることではないのだろうか。図表4-2を振り返ってみると,収穫逓増の可能性を秘めているのは,A'点からB点の共同体経済(ゲマインシャフト)の領域であった。そこでは,ソーシャル・ビジネスや中小企業,農業などのコミュニティ・ビジネスが財・サービスの供給力を急速に高め始めていた。しかし,組織を存続する程度の供給力であって,営利事業にまでは成長していなかった。一方,B点からB'点の市場経済(ゲゼルシャフト)領域は,供給力の増加に伴って営利を得る段階に到達したが,程度が小さなものの収穫逓減現象が始まったことを表していた。

両者を合わせた領域が共助社会であるが,市場経済(ゲゼルシャフト)のB点〜B'点と共同体経済(ゲマインシャフト)のA'点〜B点の領域によって構成される共助社会の成長経路A'〜B'の領域に,特に貯蓄が多い高齢世帯の貯蓄を振り向けることが望ましいことになる。そうすれば,ソーシャル・ビジネスを含め,コミュニティ・ビジネスが創設され,業容を拡大することで,高齢者の働き場所も生まれるはずである。共助社会とは,政府などが行う公助に過度に依存することなく,また個人の努力,自助だけでは難しい課題を,地域住

民，市民グループの連帯によって解決する社会のことであった。そこでは，市場の失敗を補う市民，家計，NPO・NGO，ボランティアの活動が期待されている。経済効率の向上にとって不可欠な「公」と「私」の最適な組み合わせを示唆する共助社会において，ソーシャル・ビジネスの立ち上げとその成長を促進する金融システムを考察するのが，本章の意図である。

　しかし，共助社会においても，私的利益と社会的利益の乖離という問題がかかわってくる。と言うのも，収穫逓増領域ないし収穫逓減の程度が小さな領域において，知識・技術を開発する企業が完全競争を行いながら継続的に成長を続けることが可能であるとしても，社会的最適成長経路と一致する保証はないからである。つまり，個々の企業の投資が社会全体に貢献したほど，報われるわけではないからである。そこで，社会知識を開発した企業に対して資金を供給することで，私的収益率と社会的収益率の差額を埋め合わせる手段が考えられる。具体的には，その差額を，①中央政府，地方政府の補助金，②企業，NPO，市民などからの寄付金，③租税，④ミニ公募債，コミュニティ・ボンド（ミニ公募債）の発行に求めることになる。

　これまで，地域経済活性化のための資金調達に関して，当初から市場効率，私的利益に絞って，地域発のグローバル・ビジネスの可能性を想定する考え方と，社会投資ファンドのように，当初は市場競争不可能なプロジェクトであっても社会的な収益が見込まれる場合には，スタート時に一定額の公的資金を投入することで，競争力を付与する考え方が提案されてきた。

　後者を代表するのが，社会投資ファンド（SOIT）である。[13] 社会投資ファンドとは，不動産投資ファンドのスキームと似て，民間から募った資金で購入した社会的収益性が高い資本ストックをリースして，そのリース料を投資家に還元するものである。しかし，環境整備や看護補助ロボットのように先端技術を要する事業の社会的収益率が高い場合でも，不動産投資ファンドと異なって私的収益率が低いため，市場経済的な投資が難しい。そこで，私的収益率と社会的収益率の格差をカバーするため，立ち上がり期に一時金として公的資金を導入してファンドを作り，投資を実現することになる。特に，時間を通じた規模の効果や学習効果が期待できるような場合，社会投資ファンドの意義は大きい。

しかし，受益者からの収入でプロジェクトを立ち上げた後は，通常の民間企業と同様，受益者からの収入でプロジェクトを運用するので，PFIと異なって，自らの創意工夫が活かされる反面，リスクは負担しなければならないことになる。

　社会投資ファンドとして投入される公的資金は，従来の補助金とは異なって，プロジェクト発足時に一度だけ投入される資金であって，渡しきりの交付金とでもいうべきものである。プロジェクトの実施分野だけを議会で決定し，その優先順位は資本市場での資金調達の状況に任せることになる。

第3節　新しい資金チャンネルとNPO

1.　信用金庫，農業協同組合に掛かる期待と不安

　共助社会の推進者としてのソーシャル・ビジネスに掛かる期待は，高まっている。医療・介護，環境整備，教育・子育てなどのソーシャル・ビジネスは，立ち上げ時は別として次第に成長するのに伴って市場経済の領域で競争力を持つようになるものと思われる。

　本章は，ソーシャル・ビジネスの非営利活動を強調する従来の考え方と異なって，市場経済の中で利益獲得を目指す可能性を想定するが，PFIと同様，基本的に非営利活動ではありながら，組織の継続を可能にするだけの利益の獲得を目指す型のソーシャル・ビジネスをも対象にしている。これら2つのタイプのソーシャル・ビジネスに対する資金の主な源泉は，それぞれ，図表4-6①，図表4-6②のように，表される。

　業容の拡大に伴って，資金調達の型は図表4-6①から図表4-6②に変わるケースが増えるものと予想されるが，借り入れと出資による資金調達の重要性が高

図表4-6① ソーシャル・ビジネスの行動（組織の存続を目的とする状態）	
資　産	負　債
非営利事業	寄付・会費 補助金・助成金 融資・借入 ミニ公募債

（出所）筆者作成。

図表4-6② ソーシャル・ビジネスの行動（営利事業に変わった状態）	
資　産	負　債
営利事業	補助金・助成金 融資・借入 出資 私募債 資本金

（出所）図表4-6①に同じ。

まるものと考えられる。地域金融機関特に協同組織金融機関に期待するだけでなく，NPO・NGO，企業，地方公共団体などと金融機関の協業，さらに市民，家計がより積極的に参加する新しい資金チャンネルが構築されつつある。ここでは，まず，借入を念頭において，信用金庫や農業協同組合などの協同組織金融機関の役割と課題を検討し，それを克服する手段として，ソーシャル・ビジネスおよびNPOとの協業から，新しい間接金融システムを考察することにする。

　コミュニティ・ビジネス，ソーシャル・ビジネスと深くかかわっている金融機関は，地方銀行，第二地方銀行，信用金庫，信用組合，労働金庫，農業協同組合，漁業協同組合の地域金融機関，中でも信用金庫，信用組合，労働金庫，農業協同組合，漁業協同組合の協同組織金融機関である。協同組織金融機関は，低い取引コストに加えて，地域を地盤としているだけに情報の非対称性を比較的容易に克服できるという利点を持っている。しかし，その反面，営利事業だけでなく，非営利事業をも対象としているので，収益獲得に制約を受けがちになる。その結果，地域の資金を地域に還流する本来の機能が発揮されているとは言い難い状況が続いている。

　ここで，日本経済がどん底を味わった1997年度からサブプライムローン問題の影響を受けた2010年度までの信用金庫と農業協同組合の2010年度までの預金，貸出，預貸率，また余資運用・有価証券保有状況を都市銀行，地方銀行，第二地方銀行と比較すると，預金，貸出，預貸率に関しては，信用金庫も農業協同組合も，他の金融機関と同様，増加している[14]。

しかし，信用金庫と農業協同組合の預貸率（貸出金残高／預金残高）が他金融機関と比べても低いことが問題である。2010年度の預貸率が最も低いのが農業協同組合の25.4%，それに次いで低いのが信用金庫の53.2%であった。反対に預貸率が高かったのは，第二地方銀行の76.2%，次いで，地方銀行の74.1%であった。都市銀行は65.4%であった。

　預貸率の水準が低いことだけでなく，問題は信用金庫および農業協同組合の預貸率が下がっていることである。地方銀行，第二地方銀行，都市銀行の預貸率も下がっているが，農業協同組合の預貸率は1997年度の30.4%，信用金庫は71.5%からの減少であって，減少率は年度の99.9%から急落した都市銀行ほど高くはなかったものの，それでも年度の地方銀行の81.6%，第二地方銀行の86.6%からの下落率を上回っている。

　低い預貸率とその低下は，本来，間接金融機関が持っているはずの金融仲介機能を十分に果たしていないことを示している。金融仲介機能とは，①マーケット・メイク，②期間転換，③リスク負担，④情報生産機能の4つの機能のことであるが，間接金融機関は，これら4つの機能をすべて果たしている。すなわち，①金融融取引は，資金の借り手はその引き換えに債務証書を出さなければならないが，資金を貸す側から見れば，この債務証書が金融商品となる。マーケット・メイク機能は，債務証書の売り手（資金の借り手）と債務証書の買い手（資金の出し手）を見つけだし，売買をしやすくするサービスのことである。②期間変換機能は，満期限が異なる様々な債務証書の満期限を短く調整することで，期間の不一致問題を緩和して，債務証書の売買をしやすくする機能のことである。③リスク負担機能は，支払いが約束通りに行われないという危険が債務証書に付随するが，その危険を買い手の代わりに引き受ける機能のことである。

　さらに，④情報生産機能とは，金融取引には情報の不完全性が存在する中で債務証書の売り手の情報を買い手が集めようとしてもそれが難しいので，買い手に代わって必要な情報を整える機能のことである。この機能は，取引を始める際にどの程度収益と危険が見込めるのかその判断材料を集める情報収集，債務証書の質を確かめる審査，さらに証書購入後の売り手の行動の監視という3

つの機能によって構成されている。

　現実の金融・資本市場には情報の非対称性が存在しているが，それを緩和するのが銀行，保険会社などの間接金融機関である。その主な理由は，情報の収集，投資計画および借り手の審査，貸出後の借り手のモニタリングを行うことによって，相対的に情報を持たない預金者の貯蓄を効果的に投資に結び付けることができるからである。たとえば，企業としての成熟度が低い企業ないし近隣に位置する小企業に対する貸出が可能なのも，銀行の貸出担当者が専門的な知識を持っていること（専門家の経済），貸出と審査を容易に行うことができる規模を持っていること（規模の経済），さらに他の金融機能と結び付け貸出を行う能力を持っていること（範囲の経済）による。

　銀行など間接金融機関は，マーケット・メイク機能，期間変換機能，リスク負担機能，情報生産機能のすべてを有しているので，リスク負担機能と情報生産機能をほとんど持っていない証券会社などの直接金融よりも，金融仲介機能が強いことになる。すなわち，証券会社を通じて資金調達ができるのは，国，地方自治体，大企業といった信用度と地名度の高い赤字主体に限られる。しかし，銀行の場合，証券市場での資金調達が難しい中小企業向けの融資であっても，業務内容さえよければ可能になり，新しい企業での創出と成長を促進することになる。

　ところが，地域企業への融資が停滞しているのが実情である。しかし，都市銀行，地方銀行，第二地方銀行，信用金庫，農業協同組合の有価証券保有残高とその構成比を見てみると，地域金融機関，協同組織金融機関の今後に望みをつなぐことができよう。

　①信用金庫の2010年度の残高34兆4,224億円の構成比は，都市銀行と対照的であった。すなわち，構成比で最も高いのが社債の40.8％，次いで，国債28.0％，地方債16.3％，外国証券11.2％，その他2.0％，株式1.8％であった。また，2000年度の残高9兆6,241億円に比べて1.6倍に増加したが，国債の1.9倍の増加と，地方債の2.7倍の増加が原動力になった。

　②農業協同組合の2010年度の有価証券残高は5兆599億円であったが，国債35.7％，金融債22.3％，社債21.8％，地方債19.7％が主なものであり，その他，

株式0.4％，金銭の信託0.2％の構成であった。

　③地方銀行の2010年度有価証券保有残高は65兆1,923億円であったが，国債46.2％，社債21.8％，地方債14.5％，外国証券9.0％，株式6.4％，その他2.2％の構成であった。有価証券残高は2000年度44兆7,360億円の1.5倍に増加したが，国債保有額が1.9倍にまで増加したことが主因になった。

　④第二地方銀行の2010年度有価証券保有残高は14兆3,759億円であったが，国債49.5％，社債23.4％，地方債9.2％，外国証券8.5％，株式5.4％，その他4.1％の構成であった。有価証券残高は，2000年度の残高10兆3,406億円の1.4倍に増加したが，その理由は，国債が1.8倍に増加したこと，地方債もまた7,221億円から1.8倍増加したこと，さらに外国証券が１兆2,173億円へと1.9倍増加したことによる。

　⑤都市銀行の2010年度の有価証券保有残高は146兆246億円であったが，その構成は，国債69.4％，外国証券13.9％，株式7.6％，社債7.4％，地方債およびその他金融商品0.8％であった。2000年度の残高86兆7,034億円の1.7倍に増加したが，国債が2.4倍に増加したことに加えて，社債が2.9倍に増加したことも与っている。

　このように，金融機関の中でも，地方債の保有比率が最も高いのが，農業協同組合，次いで，信用金庫，地方銀行および第二地方銀行であることがわかる。また，社債の保有比率が最も高いのが信用金庫，それに次ぐのが，第二地方銀行，農業協同組合および地方銀行である。その逆に，国債および株式の保有比率が高い都市銀行と対照的に，信用金庫，農業協同組合，地方銀行，第二地方銀行の保有比率が低いことが特徴的である。これらのことから，協同組織金融機関が地域経済に果たす役割に期待を抱かせる。しかし，その一方で，信用金庫も農業協同組合も預金が増加傾向にあるものの貸出が伸び悩み，低い預貸比率に悩んでいる。この課題を克服する一案が，協同組織金融機関の収益獲得にマイナスの影響を及ぼすと考えられがちな領域を，共助の領域を活用して収穫を逓増させる工夫である。

2. ソーシャル・ビジネス，協同組織金融機関，NPO の協業

　協同組織金融機関のサイドでも，地域のプレゼンスを高める目的の下で，貸出基盤の強化を試みている。地域が地域金融機関や協同組織金融機関に求める活動は，お祭りやボランティア活動よりも，商店街の振興や地域経済の分析など専門知識への期待が大きい。前節で展望したアクションプログラムの中で，事業再生・中小企業金融の円滑化に関しては，担保・保障に過度に依存しない新しい型の融資すなわちシンジケートローンや動産担保融資など新しい型の貸出方法によって，貸出を拡充しようとしている。また，信用金庫や労働金庫のように，新しい事業であるソーシャル・ビジネスへの融資への途を切り開こうとしている。

　さらに，NPO がソーシャル・ビジネスと市民，家計を仲介するなど，間接金融タイプの分業にも，①事業の連携に伴う金融サイドの協業，②事業スタート時からの金融機関との協業，③協同組織金融機関と NPO バンクの協業，④協同組織金融機関が NPO に，直接，融資する形での協業の可能性が高まっている。

　第1に，事業そのものの連携が発端となる協業は，農工商連携がその一例である。[15] これまで，農協が中心になって，一次産品を直接販売するだけでなく，漬物の製造，ハム，ジュース，ジャムなどの加工物を製造することで，付加価値を付けてきた。これが1.5次産業と呼ばれるものであるが，さらに，観光農園や産直市場の運営を行うことで，いわゆる6次産業にまで付加価値を高めてきた。しかし，消費者サイドの需要だけでなく，安定した農産物価格や調達先を求める商工業者の必要性から，農業と連携するケースが見られるようになってきた。しかも，「安全安心な野菜を洗わないで，食べたい」との需要サイドの変化が，技術革新を必要として新しい製品やサービスを生み出す一方，供給サイドでの情報技術や生産技術，郵送・保管技術の進歩を活用した新商品を開発するようになっている。

　大隅物流事業協同組合の場合，需要サイドの要望に応じて，無農薬野菜の生産と物流までを一貫して請け負うビジネスを展開している。同様に，生産・加

工・物流・販売を一括してアウトソーシングしたいとの供給サイドの要望に応じて，高度化した情報・通信技術を活用したビジネスを展開している。このケースが示唆するように，農業協同組合と信用金庫，信用組合，労働金庫など他金融機関との協業の可能性が生じることになる。

　第2に，事業体と金融機関が事業スタート時から協業するケースが見られる。地域には，①事業資金の不足の問題のほか，②人口減少による地域産業の活力低下，③企業間ネットワークの不足問題など，地域特有の課題が存在していた。そこで，これらの課題を克服する対策がとられるようになっている。

① 　資金の不足を緩和する手段として，貸出の便宜が図られている。ソーシャル・ビジネスなど金融機関から見て情報の非対称性が高い小規模事業への融資は，地域金融機関をリスクに直面させることになる。たとえば，バイオマスを活用する新事業の創出に向けた支援を行っている新庄信用金庫の場合，バイオマスの活用にとって不可欠な生物資源の循環利用を支える諸機関の支援，地域の農業者，中小企業，住民，大学等の仲介や行政機関への申請の支援，さらに的確な審査とスムーズな決済を可能にするなど地域金融機関の特性を活かした資金面の支援を行っている。

② 　人口減少への対策として，新事業創出や経営革新等の活動に取り組む中小企業への支援を通して，地域経済活性化と雇用創出の実現を支援するのが，協同組織金融機関の役割であると考えられるようになってきた。協同組織金融機関の役割が相対的に大きい北海道において，大地みらい信用金庫は，新規事業の創出を主目的とする「根室産業クラスター創造研究会」と，既存企業の事業転換や再生を主目的とする「大地みらい信用金庫起業家支援センター」の運営に取り組んでいる。ソーシャル・ビジネスも地域経済活性化の一翼を担うものと考えられるだけに，協同組織金融機関との協業が期待される。

③ 　同様に，ネットワーク作りも，地域経済活性化に貢献するものと思われる。大学との連携が有効な手段となるが，企業規模が小さいほど産学連携が難しくなるので，仲介者としての地域金融機関の役割が重視されることになる。たとえば，多摩信用金庫は，中小企業，支援機関，大学が集積す

る地域で，創業支援，技術・経営アドバイス等の事業支援，支援機関との連携を促進している。特に，大学との連携に関しては，大学が集積している多摩地域の特徴を活用して，産学官連携推進組織の「社団法人学術・文化・産業ネットワーク多摩」と連携した中小企業支援にも取り組んでいる。

　これらの事例は，協同組織金融機関が企業，住民，大学・研究機関，行政機関の連携を仲介する役割を果たしていること，また金融機関が有する情報生産機能すなわち情報収集，審査，監視機能を強化する可能性を高めながら，ソーシャル・ビジネス向け融資を拡大する可能性を示唆している。

　第3に，NPOバンクが中間支援組織として協業に加わるケースが見られる[17]。NPOバンクを軸とする協業が，ソーシャル・ビジネスの資金調達を通じて，新しい間接金融型のシステムを構築しつつある。NPOバンクの役割は，市民が出資した資金を源泉として，地域社会や福祉，環境保全活動を行うNPOや個人などに融資することである。ただし，現況では，様々な制約を受けている。すなわち，①金融商品取引法の改正によって，金銭での配当が不可能となったため，無配当であること，②1口当たりの金額は低く設定され，貸出金利は約2％にされていること，③出資者は，母体団体の会員や関係者が中心になっていて，出資団体だけが融資を受けられるしくみになっている。

　図表4-6がイメージしていたように，特にスタートアップ時には寄付金が重要な資金源となるが，業容を拡大するのにつれ，資金調達が必要になる。しかし，NPO自身は資金を集めることができないため，制約を受けながらも，NPOバンクが市民，企業，行政機関の仲介役を務めることになる。

　NPOバンクが最初に設立されたのは，1994年の「未来バンク事業組合」（東京都が活動地）であった。環境グッズ購入，NPO，エコロジー住宅等，環境・福祉事業を融資対象としていた。

　その後，次々にNPOバンクが設立されたが，たとえば，2002年10月に北海道とNPO推進北海道会議・北海道NPOサポートセンターとの協働により設立された「北海道NPOバンク」（北海道札幌市）は，ワーカーズコープ（協同組合型の労働組織）など市民事業型への資金供給を目的にしていた。北海道庁・札幌市，NPO，市民，企業からの出資金と寄付が原資となっている。た

だし，北海道NPOバンクはNPO法の制約で出資を受け付けることができないので，NPOバンク事業組合が出資を受け付け，全額をNPOバンクに融資する形態をとっている。融資対象は社会性を有する事業であることとNPOバンクに出資していることである。なお，出資条件は1口1円，契約期間なし，配当なし，また，融資条件を限度額200万円，契約期間なし，金利2%としている。

同様に，2003年に，「東京コミュニティ・パワー・バンク（東京CPB）」（東京都新宿区）が，生活クラブ生協・東京生活者ネットワーク・東京ワーカーズコレクティブ協同組合・NPO法人アビリティクラブたすけあいの4団体を母体として設立された。設立の目的は，女性が代表を務める団体や法人格のない団体が資金調達するのが困難な状況を打開するため，市民自身の出資を可能にする仕組みを作ることにあった。融資の対象は東京都内の事業者で，東京CPBに出資している団体に限られるが，5人の賛同者と「ともだち融資団」を組んで申請すると融資額も金利も優遇されるというグラミン銀行をモデルにした「ともだち融資団制度」が特徴的である。なお，出資条件1口5万円，契約期間なし，配当なし，金利約2％，また，融資条件を限度額1,000万円，契約期間なし，金利約2％とするものであった。

第4に，協同組織金融機関とNPOの直接的な協業が見られる[18]。信用金庫と労働金庫の「NPO事業サポートローン」がその典型であるが，NPO法人を対象として，2000年に，東京労働金庫（2001年に中央労働金庫に改編），群馬労働金庫，近畿労働金庫が融資を開始した。また，2005年に，奈良中央金庫が信用金庫として最初の「NPO事業サポートローン」を行った。これらの融資は上限額を300万円～500万円とするものが多いが，福島信用金庫のように融資額が1,000万円のケースや，介護系NPO法人などの設備資金に関しては，介護保険報酬を担保とした動産を担保とすることで，より多額の融資を行うようになった。ただし，リスクも大きいため，NPOサポートローンへの融資は，事業開始後3年という条件を付すことが多い。

3. ファンド創設による資金チャンネル

　証券市場での資金調達は，協同組織金融機関また NPO・NPO バンクからの借入を補完することになろうが，債券，株式市場の活性化はソーシャル・ビジネスの資金調達の機会を広げることになるはずである。ただし，自由化，グローバル化，規制緩和，また投資家の信頼を得る市場の規律がその鍵を握ることになる。

　直接金融型の資金調達を促進する試みは，これまでもなされてきた。最初に，債券市場のうち，1978年6月に発行された中期利付国債に直接募集方式による公募入札制度を導入するなど発行市場の自由化が進展した。また，1983年には銀行による国債，政府保証債，地方債の新発債窓販が開始された。その後，2002年度からミニ公募債（住民参加型ミニ地方公募債）が，また2003年4月から個人向け国債が発行されるなど，国債発行・流通市場が活性化することになった。同様に，社債市場においても，1998年4月の起債会の廃止，続いて1993年10月の社債発行限度額の制度の廃止，1996年1月の適債基準の撤廃が実施された。この状況の下で，社債発行が増加するのにつれて，格付機関による情報生産および提供機能が重視されるようになった。

　次に株式市場において，1994年12月，研究開発型ハイテク・ベンチャーによる株式公開を目的とした店頭特則市場が設立された。その後，新興企業向けに，1999年11月に東京証券取引所においてマザーズが，同様に2000年5月に大阪証券取引所においてナスダック・ジャパン（2002年12月，ヘラクレスに名称変更）が，それぞれ，開設された。さらに，2004年12月に店頭市場の改革が行われ，ジャスダック証券取引所となった。これらの発行市場の改革を通じて，新興企業や成長企業の資金調達の道が開かれることになった。

　他方，流通市場において，①1999年10月の株式手数料の自由化，②1998年12月の取引所集中義務の撤廃による私設取引システム（PTS）や取引所外取引開始，③2003年3月期からの連結決算制度の改正，④キャッシュフロー会計，金融商品の時価会計，退職給付会計，減損会計の導入，さらに2010年3月決算期からの国際会計の任意適用開始などいわゆる会計ビッグバンの実施，⑤2001年

10月の商法改正に伴い，売買単位を企業が自由に決めることができる単元株制度の導入，⑥2001年4月，個人投資家の保護を目的として，証券会社が破綻した場合でも，顧客1人当たり最大1,000万円を限度として支払いを保証する仕組みを策定が行われた。これらの方策を通じて，グローバル化に対応した株式市場の活性化と投資家保護が進められることになった。

(1) 政府主導型ファンド

債券，株式市場の発行および流通市場の活性化措置は，個人投資家の参加を通じて，ソーシャル・ビジネスの資金調達の可能性を高めるものと思われる。しかし，特に非営利型のソーシャル・ビジネスは小規模主体であるだけに，立ち上げ期まもない段階で株式市場から資金調達することは不可能である。また，社債市場からの資金調達も難しい。そこで，私募債のように，「6カ月以内で，通算して50人未満」の少人数私募債制を利用することになろうが，信頼度が不十分なため，不特定な投資家から資金を集めることは容易ではない。それだけに，まず，公共債が重視されるが，特に市場公募地方債に期待がかかることになる。

市場公募債のうち，個別債と共同債の2011年度の発行額は，都道府県・指定都市が引き受けた発行額で見て，それぞれ，4兆9,130億円，1兆5,360億円に増加した。同年のミニ公募債の発行額は1,902億円と，2005年度の3,129億円をピークとして伸び悩んではいるが，地域住民の資金によって，地域のニーズに直接応える金融商品として重要な役割を果たしていくはずである。

実際，2011年度も，道路の災害復旧や学校の耐震補強などを目的とした千葉市の「ちば市民債」，教育関連施設の整備を目的とした鯖江市「元気さばえっ子・ゆめみらい債」，中津市民病院建設事業を目的とした「中津市平成23年度第1回公募公債（中津市民病院債）」などのミニ公募債が発行された。2012年度も，川の再生などの河川整備事業を目的とする「埼玉県第5回埼玉の川・愛県債」，「安心・安全の京都づくり」事業を目的とした「安心づくりみらい債」，子供たちの育成のための子育てや教育の充実に活用する「浜田市平成24年度第1回公募公債（浜田きらめき債）」などが発行された。さらに，2013年度に入っても，

被災した中小企業の支援や県立学校の耐震化促進等，災害からの復興に向けた事業を目的とする「福島県第2回ふくしま復興県民債」，活力ある地域社会の創造のために活用する「第11回3年かながわ県民債」，コミュニティセンター整備事業を目的とする「宗像市平成25年度第1回公募公債（かのこ債）」が発行されている。[19]

　厳しい中央政府，地方政府の財政状況に伴って，地域のニーズに応えうる「民」主導の金融システム構築の必要性が強く認識され始めた中で，これらの市場公募債は重要な役割を果たすものと考えられる。特に地域経済への貢献に関しては，地域の再生，活性化の鍵を握る企業支援，それにソーシャル・ビジネス，金融機関の経営強化を目的とした市場メカニズム・競争原理の推進と，関係省庁との連携・活用による地域密着型金融の必要性が喫緊の課題になっている。そして，市場型間接金融の色彩が強まり，投資信託の販売量が増える可能性が強まるものと考えられるだけに，地域密着型金融の重要性が増しつつある。これまでも，郵貯と証券会社は「個人向け国債」の販売に注力してきたが，今後，証券会社，地域金融機関，ゆうちょ銀行がミニ公募債や共同債発行の仲介者としての機能を高めるものと思われる。

(2) 民間主導型ファンド

　民間主導型のコミュニティ・ファンドも，ソーシャル・ビジネスの資金調達の重要な手段になるものと思われる。コミュニティ・ファンドとは，株式の取得をすることなく，地域社会に金融サービスを供給するコミュニティ投資のことである。ただし，コミュニティ・ファンドには，すでに取り上げたように，未来バンク事業組合，北海道NPOバンク，東京コミュニティ・パワーバンクのような融資を中心にするタイプと，ここで取り上げるように投資を中心にするファンドが存在している。

　三菱UFJリサーチ＆コンサルティング株式会社の「平成20年度　コミュニティ・ファンド等を活用した環境保全活動の促進に係る調査検討業務　報告書」によれば，[20]直接金融タイプには，匿名組合契約，疑似私募債，非営利型株式会社の3つのタイプがある。このうち，①匿名組合契約の事例は，鰺ヶ沢町

での市民風車事業に係る建設費を調達した「グリーンエネルギー青森」（青森県青森市），市民風車事業に係る全国展開に向け，地域別に市民風車に係るファンドを組成した「（株）自然エネルギー市民ファンド」（東京都中野区），飯田市における太陽光発電事業に係る設備導入調達を目的とした「おひさまエネルギーファンド」（東京都中野区）がある。

②疑似私募債の事例には，保健室の移転・新設に伴う用地取得・施設建設費を調達した「まえはら子育てネットワーク」（千葉市船橋市），介護保険事業の本格展開に向けた事務所移転・新設に伴う用地・施設取得費・改修費を調達した「地域たすけあいネットワーク」（新潟県三条市）がある。

③非営利型株式会社の事例は，千代田区のイノベーション施設の運営に向け，区内企業，区民を株主とする株式会社を設立，加えて地域ファンドを組成した「ちよだプラットフォームサービス」（東京都千代田区），秋葉原地区6.4haの再開発事業を睨んだ新たなタウンマネジメント組織の設立に向け，株式会社を設立した「秋葉原タウンマネジメント（株）」（東京都千代田区）がある。

これらの中で，たとえば，2002年2月に設立された「グリーンエネルギー青森」の場合，循環型社会の実現と地域の自立をミッションとして，市民風車事業，自然エネルギー・省エネに関する普及啓発および調査活動，社会制度の研究および提言事業，地域活性化に関する事業を行っている。風車建設を目的とした資金調達は匿名組合契約で臨み，建設費3.8億円の半分を補助金，残りの1.9億円を銀行融資と市民の出資で賄う予定であったが，銀行融資を受けられなかったため，市民からの出資金と自己資金で賄うことになった。

この事業は，2001年に日本で初めて市民出資によって「市民風車　はまかぜちゃん」を建設したNPO法人「北海道グリーンファンド」は（北海道が活動地域）をモデルにしたものであった。「北海道グリーンファンド」そのものは株式会社北海道市民風力発電をファンド募集の主体として，総事業費の8割を市民出資によって賄った。市民風車の意義および効果は，①市民自らの参加を通じて自然エネルギーに対する社会の関心を高めたこと，②地域循環型エネルギー経済による持続可能な社会形成に貢献したこと，③非営利性と営利を合わせ有することによって，風力発電や自然エネルギーに対する社会的受容性を高

めたこと，④地域での資金循環を実現したことに求められる。このように，不特定多数の市民から資金調達するのに成功した北海道グリーンファンドの試みが，「グリーンエネルギー青森」などその後の市民風車の取組みや太陽光発電事業につながっている。

次に，疑似私募債の事例として，「NPO法人地域たすけあいネットワーク」を見てみよう。このネットワークは，親の介護をしていた主婦らが助け合いの理念の下で結集し，1999年に設立された地域の相互扶助組織である。主な活動は，たすけあい事業と介護保険事業であるが，このうち，たすけあい事業は会員同士の有償の相互扶助事業で，利用者は時間当たり850円を事務局であるネットワークに支払い，サービス提供者が自給750円を受け取り，差額の100円が事務局収入となる。また，介護保険事業へは2001年に参入し，訪問看護事業，通所介護事業，障害者自立支援事業を行っている。主な収入源は会員収入（年会費2,000円）と介護事業収入である。資金調達は，金融機関からの融資を受けられなかったことから，2001年と2003年の2度，疑似私募債を発行し，それぞれ，管理ソフトの購入と活動拠点の取得に充てた。

さらに，非営利型株式会社型の「秋葉原タウンマネジメント㈱」は，秋葉原駅付近地区まちづくりを目的として，2007年に設立された。美観推進事業，交通治安維持事業，施設・地区整備事業，観光促進・産業創出事業の4事業を行っているが，秋葉原地域の清掃とパトロールを実施するほか，世界への情報発信を行うタウンメディア・観光事業として，広告サービスなどを行っている。

広告収入が主な収入源となっているが，非営利会社であるだけに，地域を良くすることを利益とする独特な運営を行っている。また，会社組織なのでNPO法人と異なって，出資という行為により，株主として会社との連携や監視が可能になる。すなわち，資本を預かり，経営と所有を分離させ，透明性を確保できることになる。

これらの事例から，銀行からの借入が難しいことがわかる。そのためには，金融機関に対してプロジェクトに含まれる社会性や将来性を明示するとともに，金融機関サイドでは審査方法を改善するなど，借入の途を改善する必要があるように思われる。また，秋葉原タウンマネジメントのように，非営利法人

会社にして，出資を可能にする方法が重要になるものと思われる。

第4節　今後のソーシャル・ビジネス

1. 地域経済の活性化と地域発のグローバル化

　今後の日本は，地域経済の活性化とグローバル化を同時に進める必要があるものと思われる。しかし，グローバル化と言う場合，大企業による直接投資やM&Aを通じたグローバル化とソーシャル・ビジネスやコミュニティ・ビジネスのように小規模な事業が海外の地域に進出するいわゆる「地域発のグローバル化」の双方が考えられる。双方の型のグローバル化が日本の地域社会だけでなく，海外の人々の雇用と所得をも拡大することになろうが，まさしく，多様化の時代にふさわしい発想が望まれる時代になったように思われる。

　この視点から，医療・介護，環境整備，教育・子育てなどのソーシャル・ビジネスに期待を掛けたのが，本章である。ソーシャル・ビジネスは，社会性，事業性，革新性を条件とする。また，ソーシャル・ビジネス推進者である社会的企業家は，①小規模であっても創造性に富み，継続的にイノベーションに取り組む革新性を有すること，②連携を重んじること，③事業を長期的な観点から見ること，④地域社会の人々だけでなく，海外の地域社会の住民をも，共通したステークホルダーとみなすようになっていること，これらの特徴を持っている。

　ソーシャル・ビジネスが展開される地域社会は，人と人，企業と企業の自主的な結び付きから生まれる新しいコミュニティとでも言うべき概念であって，まちおこしとも呼ばれる活動や新製品や新市場を目指す場になる。言い換えると，この場は，慈善事業と商業活動を兼ね備えた場であって，ゲマインシャフ

ト（共同体経済）とゲゼルシャフト（市場経済）を組み合わせた領域すなわち共助社会の領域ということができよう。

ソーシャル・ビジネスは，この共助社会を象徴する事業であると言えようが，立ち上げ期は非営利事業であっても，将来的に市場で競争可能な財・サービスの供給を受け持つタイプと，将来にわたっても組織の存続に留まり営利事業にまで育つことはないタイプが存在している。しかし，最近，社会性の強いソーシャル・ビジネスであっても，立ち上げ期はともかく，補助金や寄付に頼るのではなく，利益を生むことで，組織を強化，拡大しようとの考え方が強まっている。また，市場性が強い財・サービスであれば，銀行借入や出資金を用いることができるものと思われる。

本章がソーシャル・ビジネスの成長が可能であると考える理由は，供給の効率の良さと絶えざる需要の存在である。常にコミュニケーションがとられるゲマインシャフト（共同体経済）では，情報の非対称性がほとんど存在することもなく，また取引費用もほとんど不要であるものと仮定することができる。同様に，人件費などの可変費用も設備資金などの固定費用も少ないものと思われる。それに加え，技術革新も起こりやすいという供給面の有利性が存在する。他方，需要面においても，ソーシャル・ビジネスの財・サービスが常に必要とされるだけでなく，高齢化や生活水準の向上が需要を加速するものと思われる。

ゲマインシャフト（共同体経済）において，技術革新が生じ，生産に必要な労働，資本などの生産要素の投入分の増加以上に，財・サービスの供給が増加する収穫逓増が起こるので，ゲマインシャフトが必要とする供給量を超え，それが市場で販売されることになる。ただし，ゲゼルシャフト（市場経済）での財・サービスの供給量は，生産要素のコストが増加しがちになり，投入分ほどは増加しない収穫逓減現象が生じることになる。

しかも，生産要素である資本が負債に依存することになれば，それだけコストが高まることになり，収穫逓減の程度が大きくなる。そこで，この事態を避け，ゲマインシャフトの収穫逓増領域とゲゼルシャフトの収穫逓減が小さな領域を組み合わせた領域で財・サービスの生産を行うことが望ましいことになる。要するに，高い生産効率を実現する共助社会に資金を投入する方が，経済

全体の資金の効率を高めることになる。

共助社会での少量多品種の財・サービス生産方式は，国内地域に限らず，他国で展開される可能性がある。たとえば，アドバンテスト，村田製作所，島精機，北日本精機のように，地域産業から成長してグローバルなニッチ産業の領域において大きなシェアを持っている企業も多い。この発展パターンを，ソーシャル・ビジネスのグローバル展開に重ね合わせことができるのではないのだろうか。

その際，資金チャンネルにおいて重視されるのが，NPOや投資事業組合の役割である。創業期のソーシャル・ビジネスに対する資金供給者は，結局，市民・家計であるが，それを仲介するのが，地域金融機関特に協同組織金融機関，NPO，NPOバンク，投資事業組合である。

この流れの中で，発行体の高い信用度の下で，非営利事業にもかかわらず一定の利回りに裏付けられた社会貢献債が登場している。社会貢献債は主に国際金融機関が発行し，調達した資金を社会貢献活動に利用するようにした債券であるが，外債建てが多い。[21] これらの債券が普及し始めたのは2008年以降のことである。たとえば，「ワクチン債」は，国際ファシリティ（IFFIm）が途上国の子供に必要なワクチンの購入資金を賄う目的で発行した債券であるが，2009年に大和証券が日本で初めて個人向けに年利回り4.7%～8.3%の「ワクチン債」として販売して注目された。

2010年には，マイクロファイナンス機関への投融資を目的として欧州復興開発銀行が発行した「マイクロファイナンス債」と，中南米の貧困対策事業を支援するため米州開発銀行が発行した「中南米子育て支援債」を大和証券が販売した。その後も，たとえば，2011年にIFFImが発行した「ワクチン債」，2012年に国際協力機構（JICA）が発行した「JICA債」，さらに2013年にはアジア開発銀行（ADB）が発行した「クリーン・エナジー・ボンド」など，社会貢献型債券が相次いで，個人向けに発行されている。個人向けの社会貢献債の発行が活発化しているのは，参加意識を持つことができることに加えて，一定の利回りを獲得できることがその要因になっている。

しかし，信用度の高い発行体の社会貢献債と異なって，ソーシャル・ビジネ

スの資金調達が難しいのが実情である。地域社会での資金の流れを円滑にするため，2000年の地方分権一括法以降，アクションプログラム（2003年度～2004年度）や新アクションプログラム（2005年～2006年）の策定，さらに郵政民営化など地方重視の金融改革が実施されたが，それにもかかわらず，間接金融機関の中でも最も身近な存在であるはずの信用金庫や農業協同組合の預貸率は低かった。

それを打開する手段は，まず，間接金融を活用することになるが，ソーシャル・ビジネス，協同組織金融機関，NPOの協業である。協業には，①6次産業と呼ばれる農工商連携のように事業の連携が金融機関間の新たな協業を促すケース，②人口減少対策や産学間連携組織などネットワーク作りを目指し，事業のスタート時から信用金庫などがソーシャル・ビジネスと協業するケース，③「未来バンク事業組合」，「北海道NPOバンク」，「東京コミュニティ・パワー・バンク」のように，NPOバンクがNPO，ソーシャル・ビジネス，市民を仲介するケース，④「NPOサポートローン」のように，信用金庫や労働金庫がNPOと，直接，協業するケースがある。

次に，ファンド創設による資金チャンネルに期待がかかることになる。債券・株式市場の発行・流通市場の自由化，規制緩和，グローバル化を進める一方，投資家保護も強化されている。

政府主導型ファンドと民間主導型ファンドがあるが，前者は地方分権化の過程で，厳しい地方財政に対処すべく重視され始めた地方債である。「民」主導，また自由化の流れの中で，地方債の中でも市場公募地方債がクローズアップされるようになってきた。市場公募地方債は，市場公募債（個別債），共同発行債，ミニ公募債があるが，特にミニ公募債は地域のニーズの市民が応えることで，参加意識を高めるものとなっている。

一方，民間主導型ファンドとしては，①「グリーンエネルギー青森」のような匿名組合契約によるもの，「まえはら子育てネットワークのように，疑似私募債に」よるもの，「千代田プラットフォームサービス」のような非営利型株式会社がある。この手段のメリットは，出資を可能にしたことである。これらの経験を参考にして，次の提案を行うことにする。

2. 若干の提案

　第1に，家計特に高齢世帯の貯蓄をソーシャル・ビジネスに向ける環境の整備を提案したい。経済効率の向上が前提条件になるが，それを可能にするのは，新しいコミュニティすなわち共助社会の活用であることを強調したい。

　今後，協同組織金融機関を軸としたNPOとの協業，また公共部門と民間部門が発行するファンドを市民，家計が購入する機会は増えるものと思われるが，特に60歳代と70歳代の高齢世帯がその可能性を有するものと思われる。高齢世帯の2010年時点の貯蓄額は，全世帯の貯蓄額の60%強を占めている。また，同年の60歳代と70歳代の有価証券保有率は，それぞれ，14.0%，16.5%と全世代の中で，突出して高い。

　しかし，高齢世帯の生活も，公的年金では消費を賄うことが難しいなど，厳しい状況にあることに加えて，高齢者間の格差に触れざるをえない。そこで，特に，低所得層に最低水準の公的年金を保証する年金のグランドデザインを提供することが必須になる。また高齢層の貯蓄や投資を惹きつけるため，魅力がある金融商品を提供する必要がある。すなわち，資金運用の効率を高めるため，技術革新を呼び，またITを活用する経営方式を導入することで経済効率を高める必要がある。

　第2に，ソーシャル・ビジネスの資金調達を円滑化する金融・資本市場の整備が課題になるが，特にNPOの事業活動を支援する手段を提案したい。と言うのも，非営利型ソーシャル・ビジネスの資金の源泉は，寄付，補助金・助成金，融資・借入に限られている。そこで，NPOバンクを経由してか，または直接的に，金融機関と家計を仲介するNPOの活動を制約している状況を打開する必要があるからである。融資・借入が難しいだけでなく，営利事業と異なって，出資に頼ることができないこともネックになっているのを，法人格を認可することで緩和する必要がある。

　現況ではそれが不可能なので，寄付，補助金・融資が重要な資金調達手段になるが，環境関連事業のように社会的収益は高くても私的収益が小さな非営利事業の場合は補助金・助成金や寄付に頼るケースが多くなるものと考えられ

る。その際，ミニ公募債の発行やコミュニティ・ファンドによる資金調達手段も検討されることになる。さらに，補助金・助成金と同様，寄付金も重要な資金源になるが，寄付を募るためには，社会的投資減税制度の拡充が有効な手段になるものと思われる。

　他方，同じように非営利事業であっても，医療・介護のように営利事業として発展する可能性が高い場合には，出資による資金調達が有効になる。しかし，目下，配当ができる出資は協同組合以外の非営利事業が行うことができないので，NPOを出資が可能な非営利法人格にすることによって市民の活用を促す必要があるものと思われる。

　第3に，貯蓄者，投資家保護体制の強化を提案したい。ソーシャル・ビジネスの伸長につれて規制の型が変わることになる。NPO・NGO，企業，会員などの連携によって運営される小規模な段階では，自主規制が望ましい。しかし，規模の拡大に伴って，市民の貯蓄を原資とした貸出や投資が行われるようになるのに加えて，リスクを伴う資金調達も行われることになる。それに応じて，金融機関側では，情報生産機能（情報収集，審査，監視）の強化が，また，政府は，NPO・NGO，投資事業組合などに，正確な財務報告，会計・監査とその公開などプルーデンス規制および情報規制を敷く必要性が生じることになる。

―【復習問題】―
(1) ソーシャル・ビジネスが，潜在成長力を持っていると考えられる理由を述べなさい。
(2) 地方分権化と金融改革について，説明しなさい。
(3) NPOは，ソーシャル・ビジネスの資金調達にどのような役割を果たしているのか，論じなさい。

＜注＞
(1) 鈴木［2009］p.27。および奥田・加藤編著［2010］pp.17-19による。
(2) ソーシャルビジネス推進研究会［2011］（経済産業省ホームページ）。
(3) 柴山［2011］日本政策金融公庫ホームページ，pp.7-15およびpp.122-124による。
(4) 室屋［2013］pp.302-321。

⑸　共同体経済・ゲマインシャフト，市場経済・ゲゼルシャフト，共助社会については，勝又・岸［2004］第 5 章，岸ほか［2011］第 1 章，および岸［2013］第 1 章を参照。
⑹　三位一体改革をめぐる審議およびその後の地方分権化に関する施策については，総務省『地方財政白書』各年次版を参照。
⑺　地方債発行額および残高については，地方債協会ホームページ「住民参加型市場公募地方債」を参照。
⑻　金融広報中央委員会ホームページによる。
⑼　日米両国家計の資産構成は2004年当時と比べて，ほとんど変わっていない。ちなみに，日本の場合，現金預金比率55.4％，株式・出資金8.2％，債券2.7％，米国の場合，現金・預金13.1％，株式・出資金33.9％，債券8.3％であった。日本銀行統計局ホームページを参照。
⑽　総務省統計局ホームページ「全国消費調査」による。
⑾　生命保険文化センターホームページによる。
⑿　総務省統計局ホームページ「家計調査報告」による。
⒀　西村・山下編［2004］pp.1-30。
⒁　都市銀行，地方銀行，第二地方銀行，信用金庫，農業協同組合の預金，貸出，有価証券保有に関しては，信金中央金庫『全国信用金庫概況』各年次版および農林中央金庫［2012］を参照。
⒂　丹下［2009］pp.37-44。
⒃　中小企業金融公庫総合研究所［2008］pp.3-60を参照。
⒄　三菱UFJリサーチ＆コンサルティング株式会社（平成20年度環境省請負業務）ホームページを参照。
⒅　澤山［2005］を参照。
⒆　地方債協会ホームページを参照。
⒇　三菱UFJリサーチ＆コンサルティング株式会社（平成20年度環境省請負業務）ホームページを参照。
㉑　『日本経済新聞』（2010年 8 月16日および2013年 8 月21日）。

＜参考文献＞
奥田裕之・加藤俊也［2010］『新しい公共を担う市民起業法人と非営利バンク』NPOまちぽっと。
勝又壽良・岸　真清［2004］『NGO・NPOと社会開発』同文舘出版。
岸　真清［2013］『共助社会の金融システム―生活者と投資家の視点―』文眞堂。

岸　真清・島　和俊・浅野清彦・立原　繁［2011］『自助・共助・公助の経済政策』東海大学出版会．
澤山　弘［2005］「NPO・コミュニティビジネスに対する創業融資―行政や「市民金融」（「NPO バンク」との協業も有益―）「信金中金月報」第4巻第9号」（9月）．
信金中央金庫『全国信用金庫概況』各年次版．
鈴木正明［2009］「社会的企業をどのように支援すべきか―収益性向上の取り組みから得られる含意―」日本政策金融公庫総合研究所『日本政策金融公庫論集』第4号（8月）．
総務省『地方財政白書』各年次版．
丹下英明［2009］「最近の農工商連携にみる新たな動向」日本政策金融公庫総合研究所『日本政策金融公庫論集』．
中小企業金融公庫総合研究所［2008］「地域活性化に向けた地域金融機関の多様な取り組み」（中小公庫レポート）No.2008-5，（9月）．
西村清彦・山下明男［2004］『社会投資ファンド―PFI を超えて―』有斐閣．
農林中央金庫［2012］『農林漁業金融統計』．
室屋有宏［2013］「6次産業化の現状と課題―地域全体の活性化につながる「地域の6次化」の必要性―」農林中央金庫『農林金融』第66巻第5号（5月）．

金融広報中央委員会ホームページ＜http://www.shiruporuto.jp/finance/chosa/yoron2010fut/pdf/yoron10.pdf＞．
柴山清彦［2011］「地域産業再生のための「新たなコミュニティ」の生成」日本政策金融公庫『日本公庫総研レポート』（No.2011-4）ホームページ＜http://www.jfc.go.jp/n/findings/pdf/soukenrepo_11_24.pdf＞．
生命保険文化センターホームページ「リスクに備えるための生活設計」＜http://www.jili.or.jp/lifeplan/lifesecurity/oldage/1.html＞．
ソーシャルビジネス推進研究会［2011］「平成22年度　地域新成長産業創出促進事業」（経済産業省ホームページ＜http://www.meti.go.jp/policy/local_economy/sbcb/＞）．
総務省統計局ホームページ「家計調査報告（貯蓄・負債編）」＜http://www.stat.go.jp/data/sav/sokuhou/nen/pdf/h22_sokuhou.pdf#page=5＞．
総務省統計局ホームページ「平成21年全国消費調査」＜http://www.stat.go.jp/data/zensho/2009/hutari/yoyaku.htm＞．
地方債協会ホームページ「住民参加型市場公募地方債」＜http://www.chihousai.

or.jp/03/03_03_11.html＞。
日本銀行統計局ホームページ「資金循環の日米欧比較」＜http://www.boj.or.jp/statistics/sj/sjhiq.pdf＞。
三菱UFJリサーチ＆コンサルティング株式会社（平成20年度環境省請負業務）ホームページ「平成20年度コミュニティ・ファンド等を活用した環境保全活動の促進に係る調査検討業務 報告書」＜http://www.go.jp/policy/community_fund/pdf/mokuji.pdf＞。

（岸　真清）

索　引

[あ　行]

ROI ………………………………… 126
愛県債 ……………………………… 147
IT …………………………………… 146
アウターシティ …………………… 71
秋葉原タウンマネジメント㈱ …… 171
アクションプログラム ……… 148, 163
アダム・スミス …………………… 2
新しいコミュニティ ………… 172, 176
アドミニストレーター …………… 87
新たなコミュニティ ……………… 139
粗利益 ……………………………… 126

1条校 ……………………………… 58
イノベーション ………………… 61, 98
イノベーションサイクル ………… 146
移民労働力 ………………………… 72
入り口改革 ………………………… 150
医療・介護 ………………………… 136
医療法人 …………………………… 101
インセンティブ …………………… 6
インターフェイス ………………… 76
インナーシティ …………………… 67

営利事業 …………………………… 138
営利セクター ……………………… 99
SRI …………………………… 79, 136
SOIT ……………………………… 157
NGO …………………………… 25, 28, 90
NPO ………… 25, 26, 28, 31, 34, 37, 38, 40,
　　　　　　　44, 45, 47, 48, 100, 163, 174
　　——との協業 …………… 159, 176
　　——の失敗 …………………… 106
NPO・NGO ………… 11, 13, 14, 18, 19, 24,
　　　　　　　　25, 27, 43, 46, 157, 159
NPO 概念 ………………………… 104
NPO サポートローン …………… 175

NPO 事業サポートローン ……… 166
NPO 組織 ………………………… 59
NPO バンク ……………… 165, 174, 176
　　——事業組合 ………………… 166
NPO 法 ……………………… 25, 48, 101
NPO 法人地域たすけあいネットワーク
　　………………………………… 171
大きな政府 ……………………… 7, 22, 89
オフィス・オートメーション …… 85

[か　行]

介護サービス ……………………… 141
外部委託 ………………………… 11, 13
外部経済効果 ……………………… 140
外部性 ……………………………… 103
価格維持政策 ……………………… 126
価格設定政策 ……………………… 126
格差 ………………………………… 69
革新性 …………………………… 28, 45
家計貯蓄率 ………………………… 152
ガスト・アルバイター問題 ……… 69
仮説構築 …………………………… 58
寡占市場 …………………………… 66
価値 ………………………………… 127
価値観の多様化 ………… 8〜11, 37, 47
課徴金 ……………………………… 4
学校法人 …………………………… 101
ガバナンス ………………………… 100
株式 ………………………………… 162
　　——市場 ……………………… 167
環境事業 …………………………… 136
関係論的相互依存性 ……………… 84
官公需要 …………………………… 78
簡素で効率的な政府 ……………… 22
かんぽ生命保険 …………………… 150

期間変換機能 ……………………… 160

起業家	55, 87
企業努力	79
企業の社会(的)貢献	19, 42
企業の社会的責任	19, 99, 136
疑似私募債	170
技術革新	141, 173
技術決定論	81
技術的要因	81
規制緩和	14
規制の型	177
寄付金	137
規模の経済	80, 161
キャッシュフロー	132
共助	143
——社会	143, 173, 176
共生	23
行政指導	9
行政の下請け	93
競争志向価格設定政策	126
協働	85
協同組合	101
共同債	147, 168
協同組織	77
——金融機関	159
共同体経済	142, 173
共同発行市場公募地方債	147
漁業協同組合	159
居住環境	68
緊急経済対策	146
均衡状態	83
金融改革	148
——プログラム	148
金融再生プログラム	148
金融資産	143
金融仲介機能	160
グラミン銀行	88, 109, 166
クリーム・スキミング	60, 126
クリーン・エナジー・ボンド	174
グリーンエネルギー青森	170
グリーン投資	79
クレジット・ユニオン	109
グローバル化	9, 11, 12

経済の——	8
経営基本管理	56
経営資源	56
景気循環	70
経験学習	85
経済効率	144
経済至上主義	63
経済社会の成熟化	9, 11, 25
経済循環の変動	62
経済的価値	90
経済的役割	108
経済のグローバル化	8
経済発展	62
ゲゼルシャフト	142, 173
ゲットー	67
ゲマインシャフト	142, 172
研究開発型ハイテク・ベンチャー	167
広域化	17
公営住宅	4
公益国家独占	118
公益事業	3
郊外型ショッピングセンター	72
交換関係	82
公共工事	32
公共サービス	12, 17, 18, 20, 21, 24, 45, 47
公共債	168
公共財	4, 12, 18, 20, 24, 45
公共事業	10, 16, 32-34, 37
公共投資	31
公金投入	93
公助	143
構造変動	81
公的金融機関	149
公的支援	58
行動規範	83
「公」と「私」の最適な組み合わせ	157
交付金	16
公民協働	44
効用の最大化	6
高齢化	29
高齢世帯	155
——の貯蓄	176

高齢世帯間の格差	155
国債	162
国際協力機構	149
個人投資家	168
個人向け国債	151
コスト競争力	61
コスト志向価格設定政策	126
子育て・教育	136
国庫負担金	15
国庫補助金	15
個別債	147, 168
コミュニティ	19, 22, 29, 30, 33, 35, 44, 138, 141
新しい――	172, 176
――の主役	143
コミュニティ・ビジネス	28, 39, 40, 65, 109, 138, 156
コミュニティ・ファンド	169, 177
コミュニティ・ボンド	157
コモングラウンド	109
コモングラウンド・コミュニティ	111
コロニー	69
コンフリクト	82

[さ　行]

債券市場	167
財政赤字	5, 42
財政力指数	76
財団法人	101
財投機関債	150
財投債	150
再分配政策	3
サッチャリズム	7, 8, 66
サバービア	73
差別的優位性	60
ザ・ボディショップ	109
産学連携	164
産業組織論	66
産業の空洞化	20, 31
参入障壁	8
三位一体改革	145
CIC	64

索　引　183

CSR	19, 99, 136
シェルター	113
事業型NPO	86
事業再生ファンド	149
事業収益	55
事業性	28, 45
資金運用の効率	176
資金効率	144
資金調達	79
――の型	158
刺激（インセンティブ）	6
試行錯誤	57
自己資金	143
自己責任	15, 16
資産構成	153
自助	143
市場型間接金融	151, 169
市場環境不適応	104
市場経済	142, 173
市場原理	70
市場公募債	147
市場公募地方債	147, 168
市場対応	59
市場ニーズ	60
市場の失敗	103
市場万能論	81
市場メカニズム	98
――・競争原理	151
下町	75
自治会	73
実物資産	143
私的収益率	157
地場産業	16, 18, 30, 31, 34
自発性	107
私募債	168
資本主義市場経済	63
市民グループ	157
JICA	149
――債	174
社会関係	76
――資本	71, 85
社会起業家	114
――精神	114

社会貢献	42, 80	終身雇用制	72
——債	174	住民参加	37, 38
社会事業	64	住民参加型ミニ市場公募地方債	147
社会資源	54	受益者負担	13
社会性	28, 45	縮小均衡	67
社会政策	93	循環型社会	170
社会的学習機能	66	準公共財	13
社会的学習理論	83	準公務員	77
社会的価値	90	準市場	60
社会的企業	27, 99, 108	純粋公共財	12, 13
——家	137, 172	純貯蓄額	153
社会的共同参加	84	準備資金	152
社会的コスト	118	シュンペーター	55, 98
社会的最適成長経路	157	小規模事業	138
社会的参画	84	状況的学習論	85
社会的使命	104	商工組合中央金庫	149
社会的収益率	157	少子化	22〜24
社会的成果	54	少子・高齢化	19, 23, 24
社会的責任	22	消費者志向価格設定政策	126
社会的責任投資	79, 136	城壁都市	71
——家	79	情報化	8, 9, 12, 19
社会的紐帯	69	情報規制	177
社会的な面での貢献	46	情報公開	9, 43
社会的排除	77	情報生産機能	160, 177
社会的フレームワーク	61	情報の非対称性	141
社会的ミッション	101	——の存在	103
社会的目的	110	職業訓練システム	124
社会投資ファンド	157	助成金	137
社会福祉法人	101	——獲得	58
社会変革	80	助成主体	59
社会保険	60	所有と経営の分離	86
社会問題	52	新アクションプログラム	149
シャクティ	91	新結合	55
社債	162	人口の高齢化	8, 11, 29, 30, 31
ジャスダック証券取引所	167	新自由主義者	81
社団法人	101	浸透価格	61
収穫逓減	173	浸透価格政策	126
——領域	142	信用金庫	159, 161
収穫逓増	173	信用組合	159
——現象	141		
——領域	142	ステークホルダー	56, 110, 137
宗教法人	101	スモール・ビジネス	40
集合住宅	73	スラム	71

聖域なき改革 …………………………… 16
成熟化 …………………………………… 32
制度的要因 ……………………………… 81
政府系金融機関 ………………………… 149
政府主導型ファンド …………………… 175
政府の失敗 ……………………………… 103
善意の存在 ……………………………… 106
全国型市場公募地方債 ………………… 147
漸進主義 ………………………………… 125
専門家の経済 …………………………… 161

相互構成的 ……………………………… 84
総貯蓄率 ………………………………… 152
贈与経済 ………………………………… 104
ソーシャル・アントレプレナー …… 86, 87, 114
ソーシャル・アントレプレナーシップ … 114
ソーシャル・イノベーション …… 28, 49, 52, 53
ソーシャル・イノベーター …………… 64
ソーシャル・ビジネスの資金調達 …… 176
ソーシャル・プロダクト ……………… 62
ソーシャル・ベンチャー ……………… 88
ソーシャル・ラーニング ……………… 82
即自的失敗 ……………………………… 62
組織文化 ………………………………… 54
ソリューション ………………………… 122

[た　行]

対価収入積極獲得型のソーシャル・ビジネス
　………………………………………… 137
対価モデル ……………………………… 59
対抗力 …………………………………… 77
第二地方銀行 …………………………… 162
大ロンドン計画 ………………………… 69

地域金融機関 …………………………… 159
地域経済 ………………………………… 138
　──活性化 …………………………… 145
地域産業 ………………………………… 139
地域社会 …………………………… 30, 32
　──づくり …………………………… 19
地域主義 ………………………………… 112
地域発のグローバル化 ………………… 172

地域発のグローバル・ビジネス ……… 157
地域分権化 ……………………………… 144
地域密着型金融 …………………… 149, 169
小さな政府 ………………………… 12, 89, 118
地縁 ……………………………………… 68
地方銀行 ………………………………… 162
地方交付税交付金 ………………… 10, 32
地方債 …………………………… 146, 162
地方分権 …………………………… 18, 21, 22
　──化 ………………………………… 16
地方分権一括法 …………………… 15, 34, 145
地方分権改革推進にあたっての基本的な
　考え方 ………………………………… 145
地方分権改革推進法 …………………… 145
チャリティー …………………………… 92
中間支援組織 …………………………… 64
中間法人 ………………………………… 101
紐帯 ……………………………………… 69
中南米子育て支援債 …………………… 174
貯蓄額 …………………………………… 153
貯蓄目標額 ……………………………… 152

低家賃地域 ……………………………… 68
出口改革 ………………………………… 149
デモス …………………………………… 116
店頭特則市場 …………………………… 167

投下資本収益率 ………………………… 126
投機活動 ………………………………… 143
東京コミュニティ・パワー・バンク … 166
投資家保護 ……………………………… 177
投資事業組合 …………………………… 174
ドーナツ化現象 ………………………… 74
特定非営利活動促進法 …………… 25, 48, 101
特定非営利活動法人 …………………… 101
匿名組合契約 …………………………… 169
都市銀行 ………………………………… 162
都市計画 ………………………………… 71
ともだち融資団制度 …………………… 166
トランスポーテーション・プア ……… 74

[な　行]

内部経済 ………………………………… 62

内部補助 …………………………………… 92
ナショナル・ミニマム ……………… 21, 26, 32

日本政策金融公庫 …………………………… 149
日本政策投資銀行 …………………………… 149
日本的経営 ……………………………………… 72
認識基盤 ………………………………………… 83

農業 ……………………………………………… 140
農業協同組合 ……………………………… 159, 161
農工商連携 …………………………………… 163

[は 行]

ハーモナイゼーション ……………………… 62
ハーレム ………………………………………… 75
開発トレスト ………………………………… 109
波及効果 ………………………………………… 65
パブリック・ガバナンス …………………… 76
バリュー ……………………………………… 127
　　──・プライス ……………………… 127
範囲の経済 …………………………………… 161
反証 ……………………………………………… 58
バンデューラ，A. …………………………… 84

PFI ……………………………………… 40, 158
BOPビジネス ………………………………… 136
ピースミール ………………………………… 125
非営利型株式会社 …………………………… 170
非営利事業 …………………………………… 138
非営利資源積極獲得型のソーシャル・
　ビジネス …………………………………… 137
非営利セクター ………………………………… 99
非営利組織 ……………………………… 14, 25, 31
非熟練労働者 …………………………………… 70
非政府組織 ……………………………………… 25
ビッグ・イシュー ………………… 94, 109, 111
費用逓減産業 ………………………………… 103
費用負担 …………………………… 12, 13, 30, 31
貧困層 …………………………………………… 68
貧困地域化 ……………………………………… 68

ファイナンシャル・アドボカシー ……… 89
フィードバック機能 ………………………… 65

フィランソロピー …………………………… 42
不完全競争 …………………………………… 103
不完備市場 …………………………………… 103
福祉型NPO …………………………………… 86
福祉国家 …………………………………… 7, 66
福祉サービス ………………………………… 59
福祉政策 ……………………………………… 93
負債金融 ……………………………………… 143
付随的収益事業 ……………………………… 92
負担の増加 ……………………………………… 5
プランテーション …………………………… 89
フリースクール ……………………………… 58
プルーデンス規制 …………………………… 177
プレス・リリース …………………………… 128
フローレンス ………………………………… 109
プロダクト・ライフサイクル ……………… 78
プロモーション ……………………………… 78

ペネトレーション・プライス ……………… 61
ベビーシッター ……………………………… 59
ヘラクレス …………………………………… 167
ベン＆ジェリーズ・ホームメイド ……… 109
ベンチャー・ビジネス ……………………… 138

補助金 …………………… 3, 4, 10, 16, 32, 33, 37, 137
ポスト資本主義市場経済 …………………… 63
北海道NPOバンク ………………………… 165
北海道グリーンファンド …………………… 170
ポパー ………………………………………… 125
ボランタリズム ………………………… 54, 87
ボランティア ……… 14, 25, 26, 37, 41, 43, 44, 106
　　──活動 ……………………… 19, 47, 48
　　──組織 ……………………………… 46
　　──団体 ……………… 11, 13, 18, 27, 28,
　　　　　　　　　　　　31, 38, 39, 40, 47

[ま 行]

マーケット機能 ……………………………… 66
マーケット・システム ……………………… 66
マーケット・メイク機能 ………………… 160
マーケット・メカニズム …………………… 65
マーケット・リサーチ …………………… 123
マーケティング管理 ………………………… 56

マージン ……………………………… 126
マイクロ・ビジネス ………………… 138
マイクロファイナンス債 …………… 174
マザーズ ……………………………… 167
まちおこし …………………………… 139
まちづくり ………………………… 36, 38
マネジメント ………………………… 105
　　──能力 ………………………… 119
マルチステークホルダー …………… 82

見えざる手 …………………………… 2
ミッション・ステートメント ……… 105
緑の分権改革 ………………………… 145
ミニ公募債 …………………………… 147
未来バンク事業組合 ………………… 165
民営化 …………………………… 11, 13
民間委託 ……………………………… 13
民間活力 ……………………………… 10
民間主導型ファンド ………………… 175
民間（組織）に委託 …………… 40, 44, 46
「民」主導の金融改革 ……………… 148

無償性 ………………………………… 107
ムハマド・ユヌス …………………… 88

メセナ ………………………………… 42

モータリゼーション ………………… 74

[や　行]

家賃の補助 …………………………… 4

有価証券保有 ………………………… 153
郵政民営化 …………………………… 150
ゆうちょ銀行 ………………………… 150

郵便局会社 …………………………… 150
郵便局の改革 ………………………… 150

幼稚産業 ……………………………… 3
寄せ場 ………………………………… 72
預貸率 ………………………………… 159

[ら　行]

ライフサイクル ……………………… 70
　　──理論 ……………………… 152
ライフ資金 …………………………… 151

リーダーシップ ……………………… 116
利益の分配構造 ……………………… 89
リサイクル ……………………… 23, 80
利潤最大化 …………………………… 93
利潤動機 …………………………… 55, 57
利潤の極大化 ………………………… 6
利殖資金 ……………………………… 151
リスク負担 …………………………… 160
倫理的投資 …………………………… 79

零細企業 ……………………………… 138
レーガノミクス …………………… 7, 92
歴史法則主義 ………………………… 64
連帯性 ………………………………… 107

労働金庫 ……………………………… 159
6次産業化 …………………………… 35
　　──・地産地消法 ……………… 140
ロストウ ……………………………… 88

[わ　行]

ワクチン債 …………………………… 174
ワンルーム …………………………… 73

〈執筆者紹介〉

岸　真清（きし・ますみ）
　1944年生まれ。慶應義塾大学経済学研究科博士課程満期退学（経済学博士）。東海大学政治経済学部専任講師，助教授，教授を経て，現在，中央大学商学部教授。専門は，金融論，開発金融論，経済政策。主な著書は，『経済発展と金融政策』（東洋経済新報社），『NGO・NPOと社会開発』（共著，同文舘出版），『高齢化社会における資産運用と金融システム』（共編著，中央大学出版部），『共助社会の金融システム』（文眞堂）など。
　担当：第4章

島　和俊（しま・かずとし）
　1944年生まれ。慶応義塾大学大学院経済学研究科博士課程満期退学。東海大学政治経済学部専任講師，助教授，教授，政治経済学部長等を経て，現在，東海大学政治経済学部特任教授。専門は財政学，経済政策，社会保障論等。著書に，『財政学の要点整理』（実務教育出版），『市民社会の経済学』（共著，中央経済社），『自助，共助，公助の経済政策』（共著，東海大学出版会）など。
　担当：第1章

浅野清彦（あさの・きよひこ）
　1955年生まれ。東海大学大学院経済学研究科博士課程満期退学。東海大学政治経済学部助手，専任講師，助教授，教授を経て，現在，東海大学観光学部教授。専門はマーケティング論。主な著書は『マーケティング論』（産業能率大学出版部），『マーケティング通論』（共著，中央大学出版部），『〈ありうべき世界〉へのパースペクティブ』（共著，東海大学出版会），『地域デザイン戦略総論』（共著，芙蓉書房出版）など。
　担当：第2章

立原　繁（たちはら　しげる）

1959年生まれ。東海大学大学院経済学研究科博士課程満期退学。東海大学政治経済学部助手，専任講師，助教授，教授を経て，現在，東海大学観光学部教授。専門は産業政策論，公益事業論。主な著書は『ドラッグ』（共著，東海大学出版会），『21世紀の人間の安全保障』（共著，東海大学出版会），『オーストリア』（共著，東海大学出版会），『市民社会の経済政策』（共著，税務経理協会）など。
担当：第3章

〈検印省略〉
平成26年3月25日 初版発行　略称:ソーシャルビジネス

ソーシャル・ビジネスのイノベーション

著　者	ⓒ	岸島浅立	野原	真和清原	清俊彦繁
発行者		中	島	治	久

発行所　同文舘出版株式会社
東京都千代田区神田神保町1-41 〒101-0051
電話　営業03(3294)1801 編集03(3294)1803
振替 00100-8-42935
http://www.dobunkan.co.jp

Printed in Japan 2014　　　　　　印刷:広研印刷
　　　　　　　　　　　　　　　　製本:広研印刷

ISBN 978-4-495-38361-9